# L'évadé de l'an II

Philippe Ebly

*Les Conquérants de l'impossible*

# L'évadé de l'an II

Illustrations d'Erik Juszezak

HACHETTE Jeunesse

Série *Les Conquérants de l'impossible* dans la Bibliothèque Verte

Destination Uruapan
Celui qui revenait de loin
L'éclair qui effaçait tout
L'évadé de l'an II
Le robot qui vivait sa vie
S.O.S. Léonard de Vinci
Le naufragé des étoiles
Le matin des dinosaures
2159 — La fin des temps troublés
Les parias de l'an 2187
L'ordinateur qui semait le désordre



79, boulevard Saint-Germain, 75006 Paris

# Prologue

C'était à Paris, par un soir de juillet chaud et sec.

Trois garçons de seize ou dix-sept ans sortaient de la bouche de métro, porte Dauphine, et cherchaient à s'orienter.

« Alors, Serge ? Tu t'y retrouves ? lança l'un d'eux, un brun au visage énergique.

— Tout va bien, Thibaut, répondit son compagnon avec assurance. Nous sommes à l'entrée de l'avenue Foch, et du bon côté. On nous attend à sept heures... Nous arriverons juste à temps. »

Les trois garçons marchèrent en silence pendant quelques minutes. Puis Thibaut reprit :

« Moi, je me demande ce qu'elle nous veut. Tu as une idée, toi ? »

Serge haussa les épaules.

« Pas la moindre. Je ne sais rien de plus que toi. »

Visiblement préoccupé, Thibaut poursuivit :

« Nous savons que c'est une baronne, dit-il. Pas toute jeune, mais très riche. Elle vit dans une grande maison, avec quatre ou cinq domestiques. Et elle nous invite à dîner "en toute simplicité", comme si on était copains avec elle depuis dix ans... »

Il se tourna vers son compagnon, qui se contenta de secouer ses cheveux blonds.

« Mais enfin, comment a-t-elle eu ton adresse ? On la lui a donnée, bien sûr, mais qui ? Et elle veut nous voir pourquoi ?

— Tu as lu sa lettre, répondit Serge. Elle veut nous parler d'"une chose très importante"... Moi aussi, j'aimerais en savoir plus. Mais bon ! Nous verrons.

— Tu as raison. Après tout, elle ne va pas nous manger. Et son invitation était si gentille qu'on ne pouvait pas refuser... »

A les entendre, il était clair qu'aucun des deux amis ne désirait vraiment assister à cette soirée. Serge se tourna alors vers le troisième de la bande, qui n'avait pas encore ouvert la bouche.

« Et toi, Xolotl ? Tu penses quoi ? »

L'interpellé, un jeune garçon de type indien aux pommettes saillantes et aux larges yeux noirs, eut un léger sourire.

« Moi, dit-il, c'est le costume qui m'embête. Je ne me sens pas à l'aise, dans ce déguisement-là. »

Tous trois étaient en effet vêtus d'un complet sombre, avec chemise blanche et cravate. Ils se regardèrent un instant, et éclatèrent de rire.

« Il faut ce qu'il faut, dit joyeusement Serge. C'est ainsi qu'on s'habille en toute simplicité pour une baronne. Ne t'en fais pas, tout ira bien.

— Oh! Je ne m'en fais pas. »

Il y avait un an que les trois garçons se connaissaient. A les voir, on les sentait unis par une amitié solide et confiante. C'est le hasard qui les avait réunis, mais la vie en commun et l'aventure avaient tissé entre eux des liens indissolubles. Xolotl, orphelin et seul au monde, avait été adopté par le père de Serge[1]. Quelques mois plus tard, Thibaut était venu vivre avec eux comme « invité permanent ».

Ils étaient arrivés à destination. Serge vérifia le numéro de la maison et sonna. Quelques secondes plus tard, un maître d'hôtel en habit vint ouvrir.

« Bonsoir, messieurs. Voulez-vous me suivre ? Je vais prévenir tout de suite Mme d'Antignac. »

Raide et compassé, l'homme conduisit les trois amis dans un salon aux murs surchargés de

---

1. Voir *Destination Uruapan,* dans la même collection.

dorures et de boiseries, puis les laissa seuls. A peine assis, Serge se releva. A tort ou à raison, il ne se sentait pas à l'aise dans cette maison. Tout était trop luxueux. Et il aurait voulu savoir tout de suite pourquoi Mme d'Antignac les avait invités. Pour tromper son impatience, il se mit à contempler une des nombreuses gravures.

«Tu n'es pas un peu curieux, par hasard? chuchota Thibaut.

— Bof! Si on accroche ces trucs-là aux murs, ça n'a rien de secret.»

Les gravures étaient d'ailleurs fort belles, et toutes représentaient un épisode de la Révolution.

«Bizarre! murmura Serge. Ce sont toujours des scènes avec la famille royale. Le départ de Versailles, la fuite à Varennes, Marie-Antoinette à la Conciergerie, le Dauphin dans la tour du Temple... Il n'en manque pas une!»

Juste à ce moment, la porte du salon s'ouvrit et une femme d'une soixantaine d'années apparut. Serge la salua, se présenta et présenta ses compagnons. Mme d'Antignac leur serra la main fort courtoisement, et les invita à s'asseoir. Puis, s'adressant à Serge :

«J'a vu que vous regardiez mes gravures. Elles vous plaisent?

— Oui, madame. Elles sont très belles. Si je

ne me trompe pas, ce sont uniquement des épisodes de la Révolution...

— En effet. La Révolution m'intéresse énormément. C'était une époque grandiose, mais effrayante aussi... »

Les trois amis hochèrent la tête, observant un silence poli.

« J'ai beaucoup réfléchi au sort de la famille royale, poursuivit Mme d'Antignac. Louis XVI et Marie-Antoinette n'ont jamais compris que le monde était en train de se transformer autour d'eux, et ils ont commis des fautes énormes. Ces fautes, ils les ont payées très cher. Ils ont vécu des années fort pénibles, et leur mort a été atroce. Mais le Dauphin, lui, n'avait rien fait de mal et, pourtant, il a connu une fin encore bien plus terrible... Vous connaissez l'histoire du Dauphin ? »

Serge la connaissait, mais Xolotl et Thibaut ouvrirent des yeux ronds et secouèrent la tête en signe de dénégation.

« Ah ? dit Mme d'Antignac, un peu surprise. Eh bien, c'est une histoire fort triste, mais elle n'est pas longue... Le Dauphin a d'abord été enfermé avec toute la famille royale. Il avait à peine sept ans quand il est entré dans la tour du Temple, et à peu près huit quand Louis XVI a été guillotiné. Un peu plus tard, on l'a séparé de sa mère et de sa sœur. Il ne les a jamais revues, et il est resté prisonnier dans la Tour. C'est là qu'il est mort, toujours tout seul.

— Et quel âge avait-il? demanda Thibaut.

— Un peu plus de dix ans.»

Mme d'Antignac ajouta quelques détails précis, et Serge sentit un long frisson lui passer dans le dos... Bien sûr, il avait lu l'histoire du Dauphin, mais ce n'était qu'un bref épisode de la Révolution, parmi beaucoup d'autres bien plus importants. Aussi ne s'y était-il guère attardé. Mais Mme d'Antignac racontait si bien que Serge avait l'impression de la vivre pour de bon, cette histoire. Il voyait, exactement comme s'il y était, les gardes nationaux amener la famille royale à la tour du Temple, en août 1792. Trois ans plus tard, deux hommes sortaient de la Tour à la tombée de la nuit, portant un cercueil. Un petit cercueil qu'on enterrait en secret, au pied d'un mur, en piétinant le sol pour effacer les traces — les yeux mi-clos, Serge pouvait presque sentir l'odeur de l'herbe, et de la terre fraîchement remuée. Et, dans le cercueil, il y avait un petit garçon de dix ans. Non. On ne pouvait pas oublier cela...

Serge allait poser une question, mais la porte du salon s'ouvrit, laissant le passage à un homme d'une quarantaine d'années.

« Ah ! s'exclama Mme d'Antignac. Voici mon dernier invité. Mon neveu, le professeur Auvernaux... »

En parfaite maîtresse de maison, elle fit les présentations. Tout de suite, Serge comprit que ce cinquième convive était un homme important — et qu'on les avait fait venir pour le rencontrer... Un peu intimidés, les trois amis n'osaient rien dire. Le professeur sentit cette gêne.

« Savez-vous que nous avons un ami commun ? » demanda-t-il.

Surpris, Serge leva les sourcils. Un ami commun ? Il chercha dans sa mémoire, sans qu'aucun nom lui vînt à l'esprit. Et pourtant, quelqu'un avait donné son adresse à Mme d'Antignac... Mais qui ?

« Oui. Nous avons un ami commun, répéta tranquillement le professeur. Il habite tout près de Rome.

— J'y suis ! s'écria Serge. Le professeur Lorenzo ! »

Il comprenait mieux, à présent.

« C'est bien lui, confirma le professeur Auvernaux. Il m'a raconté votre aventure dans la Rome impériale, et elle m'a vraiment passionné. Je crois qu'il est fort difficile de vivre dans une époque où l'on n'est pas né. On peut commettre une erreur à tout instant, et chaque erreur peut être fatale. Vous avez vécu tous les trois cette aventure, et vous êtes les seuls à l'avoir vécue. Vous avez eu beaucoup de chance d'en sortir vivants[1].»

Comme Serge ouvrait la bouche pour répondre, le maître d'hôtel fit son apparition.

«Madame est servie», annonça-t-il cérémonieusement.

*

* *

Les trois garçons furent mitraillés de questions pendant tout le dîner, puis Mme d'Antignac conduisit ses invités au salon.

«Il me resterait encore bien des choses à vous demander, mais je ne veux pas abuser, dit le professeur Auvernaux. Tout ce que vous avez raconté était passionnant, et je crois de plus en plus qu'il est fort dangereux de vivre en dehors de sa propre époque. Il faut beaucoup de sang-froid. Ceux qui ont le plus de chances de réussir, ce sont ceux qui ont déjà vécu une aventure de ce genre...»

Le professeur parut hésiter, et lança un coup d'œil à Mme d'Antignac, comme s'il atten-

---

1. Thibaut, Serge et Xolotl ont été obligés, de manière tout à fait imprévue, de vivre à une époque différente de la leur, dans un monde auquel rien ne les avait préparés. Voir *Celui qui revenait de loin* pour Thibaut, et *L'éclair qui effaçait tout* pour Serge et Xolotl.

dait un signe d'encouragement avant d'en dire davantage. La vieille dame hocha la tête en souriant, et le professeur poursuivit :

« Aimeriez-vous repartir dans le passé ? »

Serge s'attendait à cette question, mais il ne put retenir un tressaillement et, d'instinct, se tourna vers Xolotl et Thibaut. Cette phrase toute simple, c'était l'appel de l'Aventure, et les trois compagnons l'avaient compris.

« Tous les trois ? demanda Serge d'une voix qui tremblait un peu.

— Oui. Tous les trois. Mais ce ne sera pas une partie de plaisir. Vous aurez une mission bien précise... »

Le professeur semblait peser ses mots, regardant les trois garçons l'un après l'autre.

« Nous vous demandons de sauver le Dauphin, de le faire évader de la tour du Temple, pour qu'il vive une vie normale et qu'il soit heureux. Cela paraît simple, mais c'est une mission extrêmement périlleuse... »

L'attrait de l'inconnu peut être irrésistible. Certains n'oublient jamais la saveur de l'Aventure, même quand ils n'y ont goûté qu'une seule fois — et ils y reviennent à la moindre occasion, au mépris de toute prudence. Serge était de ceux-là. Le professeur Auvernaux pouvait bien disserter à l'infini sur les dangers de l'expédition, déjà, Serge rêvait au départ et n'écoutait plus... Il fallut une question de Mme d'Antignac pour le rappeler à la réalité.

« Un instant ! dit-elle. J'aimerais bien savoir comment on peut voyager dans le temps.

— C'est très simple, expliqua le professeur. Le voyageur temporel se place entre les pôles d'un grand électro-aimant. Ensuite, on réalise un champ magnétique intense, pendant un temps très court, et cela suffit. »

Serge s'agita dans son fauteuil.

« Pardon, professeur ! Vous oubliez le plus important...

— Ah oui ! Bien sûr ! Quand vous êtes allés dans l'Empire romain, vous portiez des gourmettes qui étaient faites d'un métal nouveau. Un métal dont le nom m'échappe...

— De l'autinios, précisa Serge. C'est un métal qui voyage dans le temps, et qui entraîne avec lui celui qui en porte...

— C'est bien cela, approuva le professeur. Mais vous n'emploierez plus de gourmettes comme dans votre premier voyage. C'est beaucoup trop apparent. J'ai prévu trois ceintures d'autinios, une pour chacun de vous. Vous les porterez sous vos vêtements, pour qu'on ne les voie pas. Je crois que ce sera mieux. J'ai pensé aussi à d'autres détails... »

Mme d'Antignac l'interrompit de nouveau.

« Quel effet cela fait-il de voyager dans le temps ? demanda-t-elle avec passion. Est-ce qu'on sent quelque chose ? Est-ce qu'on a l'impression de tomber ? Est-ce qu'on voit quelque chose de spécial ?

— Non, madame, répondit Serge. On ne voit rien du tout, et on n'entend rien. Le voyage est instantané. On se retrouve brusquement à mille ou deux mille ans de distance, et on ne s'est aperçu de rien.

— Ah ? Tiens... »

Le professeur, que l'on oubliait complètement, parvint à reprendre la parole.

« Il vous faudra de l'argent. Et des passeports. Et aussi des vêtements. Nous vous fournirons tout cela, bien entendu. Si vous acceptez de partir, ma tante supportera tous les frais de l'expédition... Ce que vous allez entreprendre est fort difficile. Il faudra que vous puissiez vous défendre, si vous êtes en danger... »

Déjà sur le pied de guerre, Thibaut demanda impatiemment :

« Où devrons-nous partir, professeur ?

— Dans la forêt d'Halatte. Vous savez où c'est ?

— Oui, dit Serge. A une quarantaine de kilomètres de Paris. Un peu au nord de Senlis.

— Exactement, approuva le professeur. On vous déposera là-bas, un peu avant l'aube, le premier jour de nivôse, en l'an II de la République. Autrement dit, le 21 décembre 1793... Et on vous reprendra au même endroit, le 30 nivôse, à minuit... »

1

# Paris en l'an II

La nuit du départ, le professeur Auvernaux conduisit Serge et ses amis dans la forêt d'Halatte. Il dirigea personnellement le montage de l'énorme électro-aimant, surveilla de bout en bout le raccordement électrique, et donna des instructions précises aux deux techniciens qui s'occupaient des détails.

Pendant ce temps, les trois garçons attendaient, un peu à l'écart — prêts au départ, et déjà habillés à la mode de 1793. Thibaut observait le montage avec intérêt, échangeant des commentaires avec le chauffeur du camion. Serge faisait les cent pas, en donnant des coups de pied au hasard dans les hautes herbes, incapable de rester tranquille. Quant à Xolotl, assis sur une grosse pierre, il suçotait une brindille sans songer à rien.

« Dis donc ! lança-t-il à Serge qui passait près de lui, elles ne t'ont rien fait, ces plantes...

— Ça va, Xo. Mais c'est long, d'attendre. Je donnerais n'importe quoi pour qu'on soit déjà partis ! »

Machinalement, Serge leva sa main gauche pour lire l'heure.

« Zut ! J'oublie toujours... »

Il n'avait pas de montre, évidemment, non plus que ses deux compagnons — rien, dans ce que les voyageurs temporels portaient sur eux, ne pouvait révéler qu'ils venaient de la fin du XX^e^ siècle.

« Ne t'en fais pas, dit gentiment Xolotl. C'est pour bientôt. »

Quelques minutes plus tard, le professeur Auvernaux avait achevé ses contrôles. Il se déclara satisfait, et les trois garçons se placèrent entre les pôles de l'électro-aimant — ils avaient juste assez de place, en se serrant un peu.

« Alors ? demanda le professeur. Je peux donner le signal ?

— Nous sommes prêts », répondit Serge, après un coup d'œil rapide à ses compagnons.

Le savant se tourna vers les deux techniciens qui attendaient ses ordres, et leva la main.

Pendant une demi-minute, on n'entendit plus que le bourdonnement régulier du générateur. Puis une voix annonça :

« Le voltage est bon.

— Allez-y ! »

Pour Serge et ses amis, tout disparut en une fraction de seconde. L'énorme électro-aimant, le générateur, les deux techniciens, le professeur n'étaient plus là... Seule restait la forêt, bien visible sous un merveilleux ciel étoilé, dans un beau clair de lune — et un froid terrible s'abattit sur les trois garçons. Le voyage dans le temps était terminé. Ils étaient arrivés en l'an II de la République, au plus fort de l'hiver, le premier jour de nivôse...

*

* *

Serge et ses compagnons quittèrent la forêt au petit jour et marchèrent jusqu'au soir en direction de Paris. Ils passèrent la nuit dans une petite auberge, à Gonesse, et le lendemain, au début de l'après-midi, ils pénétraient à Paris par la barrière de la Villette — une des cinquante-sept portes du mur qui entourait la ville à cette époque. Leurs passeports étant en règle, les gardes nationaux les laissèrent entrer sans poser de questions.

A l'intérieur de la ville, Serge trouva son chemin sans hésitation.

« Tu ne te débrouilles pas mal », observa Thibaut.

Né à Paris, Serge connaissait bien la ville. Avant son départ, il avait passé un bon nombre d'heures à étudier le plan de 1793, et il s'orientait assez facilement.

« Oui, je m'en sors à peu près. Mais c'est quand même drôlement changé. Ça peut paraître idiot, mais c'est le métro qui me manque le plus ! »

Tout était différent, depuis les pavés des rues jusqu'aux toits des maisons. Serge aurait volontiers passé des heures à regarder partout, mais il n'était pas question de s'arrêter tous les vingt pas.

« Sens comme ça sent bon ! s'écria Thibaut en reniflant avec enthousiasme. L'odeur des chevaux, c'est quand même autre chose que l'essence brûlée ! Et les pavés dans les rues, ça a une autre allure que l'asphalte... »

Thibaut ne s'était jamais tout à fait habitué au XX$^{e}$ siècle. Par-dessus tout, il détestait la pollution due aux voitures. Serge revint aux questions sérieuses.

« Nous sommes presque arrivés, dit-il. Devant nous, c'est la rue de la Corderie. Si nous pouvions loger près d'ici, ce serait l'aubaine ! »

Un peu plus loin dans la rue, ils dénichèrent

une petite auberge dont l'enseigne était fraîchement repeinte.

«*A l'ami du Peuple.* Propriétaire : J. Brécourt, lut Serge à mi-voix. C'est juste ce qu'il nous faut. Si le citoyen Brécourt veut bien nous accepter, on nous prendra sûrement pour de bons républicains.»

L'auberge était étroite et pauvre, avec des murs noircis par le temps. Haute de deux étages, elle ne devait compter qu'une douzaine de chambres, en incluant les mansardes qu'on ne pouvait voir de la rue.

«On y va? proposa Serge.

— Bien sûr!» approuva Thibaut.

Serge poussa la porte et entra. La salle commune, petite et mal éclairée, ne contenait pour tout mobilier que quelques tables et quelques bancs. Une femme d'une quarantaine d'années, la citoyenne Brécourt, probablement, était assise à l'une des tables.

«Salut, citoyenne! dit Serge. Est-ce qu'il y a une chambre pour nous?»

Depuis trente-six heures qu'il vivait en 1793, Serge avait appris à parler aux gens. Sans se presser, la femme détailla les trois jeunes voyageurs. Elle se méfiait, et ne cherchait pas à le cacher.

«Une chambre pour vous trois?

— Oui.»

Les trois amis étaient habillés en sans-culottes, avec des vêtements un peu râpés. Au premier coup d'œil, ils paraissaient assez pauvres.

« Ce sera une mansarde, dit l'aubergiste comme à regret. Juste sous le toit. Douze sous par jour, et dix jours payés d'avance.

— Ça nous convient, citoyenne. »

Serge déposa quelques assignats sur la table. La femme les prit, après avoir examiné à nouveau les trois amis, comme si elle se méfiait encore. Pas commode, la citoyenne Brécourt. Serge devait apprendre, un peu plus tard, que son mari l'avait quittée depuis dix ans, incapable de la supporter plus longtemps...

Elle se leva lourdement, et fouilla dans une armoire pour en tirer un registre crasseux.

« Il faut que je vous inscrive, annonça-t-elle en se rasseyant. Vous allez me dire votre nom, et où vous êtes nés. Tous les trois. »

Serge prit la parole le premier.

« Sylvain Fromont, né à Saint-Pierre-en-Port, dans la Seine-Inférieure. »

Tous trois avaient choisi, pour passer inaperçus, des noms et des prénoms simples, qui se rencontraient souvent.

« Thomas Mercœur, dit ensuite Thibaut. Né à Saint-Pierre-en-Port aussi. »

Puis, quand ce fut le tour de Xolotl :

« Manech Arnéguy, né à Saint-Jean-de-Luz, dans les Basses-Pyrénées.

— Pourquoi es-tu de couleur chocolat, toi ?

— Mon père était matelot, expliqua Xolotl. Il s'est marié avec une Indienne et il m'a ramené avec lui. »

La femme se mit à rire, comme si Xolotl avait lancé une bonne plaisanterie. Puis, mise de bonne humeur, elle ferma son registre.

« Pourquoi êtes-vous venus à Paris, de si loin ? Vous ne pouviez pas rester où vous étiez ?

— Il n'y avait pas de travail, répondit Serge. Alors, nous sommes venus à Paris pour en trouver. »

La femme haussa les épaules.

« Mon pauvre gars ! soupira-t-elle. Si tu crois que tu vas trouver du travail à Paris... Depuis que les aristocrates sont partis, l'argent est parti avec eux. Le beau commerce ne va plus, et les ouvriers chôment. Il y en a tant, des jeunes comme toi qui cherchent à gagner leur croûte... »

Elle se leva sans hâte.

« Venez. Je vais vous montrer votre chambre. »

*

* *

La « chambre » ressemblait plus à un grenier qu'à une mansarde. Elle était assez grande et possédait une cheminée — ce qui, heureusement, la chauffait un peu. Trois paillasses, à même le plancher, constituaient tout le mobilier.

Dès que la citoyenne Brécourt eut laissé seuls les trois amis, Serge ouvrit l'unique lucarne et regarda au-dehors avec prudence.

« On ne pouvait pas rêver mieux, murmura-t-il. D'ici, on plonge en plein dedans. »

De fait, la fenêtre donnait juste sur la tour du Temple.

« C'est tout ce qui reste de l'ancien château des Templiers, poursuivit Serge. La Tour a plus de six cents ans. »

Thibaut le rejoignit et se pencha lui aussi, puis il revint s'asseoir sur une des paillasses. On entendait, à travers l'épaisseur d'un mur, le grignotement d'une souris qui rongeait un bout de pain rassis. Les yeux dans le vague, Thibaut semblait soucieux.

« Et alors ? demanda Serge.

— Ce sera dur, répondit Thibaut à voix basse. La Tour est au milieu d'un espace bien dégagé, avec une enceinte tout autour. Si elle est éclairée pendant la nuit, impossible d'entrer sans se faire voir.

— Je sais, dit Serge. Il y a vingt mètres de terrain découvert entre le mur d'enceinte et la Tour.

— Et la Tour, enchaîna Thibaut, est un gros morceau de maçonnerie. Environ vingt mètres de largeur, et plus de trente mètres de hauteur. Tu parles d'une forteresse... »

Xolotl hocha lentement la tête.

« On a peut-être accepté un peu vite... », murmura-t-il.

Serge ne répondit pas tout de suite. Il songeait à la soirée qu'ils avaient passée chez Mme d'Antignac, dix jours plus tôt. Tout semblait si simple, ce jour-là... Maintenant qu'ils se trouvaient sur place, l'entreprise prenait ses vraies dimensions — et tous trois, à présent, sentaient la peur monter en eux.

« Oui, chuchota Serge. C'est vrai qu'on a accepté un peu vite. Il va falloir s'accrocher... »

Puis il secoua la tête, comme si ce geste l'aidait à chasser les idées noires.

« Tant pis! dit-il, avec une gaieté forcée. Si c'est difficile, nous le saurons bien assez tôt. En tout cas, pendant les premiers jours, on ne risque rien. On n'a qu'à se renseigner, comme on pourra. On va vivre à Paris pendant la Révolution... C'est quand même fantastique, non? »

2

# Les premiers jours

Partant du principe qu'il n'y avait pas de petits profits, la citoyenne Brécourt tirait parti de chaque mètre carré. Elle avait aménagé, sous le toit de son auberge, deux mansardes qui s'ouvraient sur le même palier, en haut d'un escalier tout raide qui ressemblait plutôt à une échelle. Celle où logeaient Serge et ses amis était la plus grande. L'autre était minuscule, et tout juste suffisante pour un seul occupant.

Le soir de leur arrivée, les trois garçons commençaient à dîner, d'un pain et d'un saucisson, quand ils entendirent des pas qui montaient les marches. Aussitôt après, on frappa à leur porte.

« Entrez ! » cria Serge.

La porte s'ouvrit, et un vieil homme, maigre et voûté, apparut sur le seuil.

« Salut, citoyens ! dit-il en s'avançant. C'est moi qui loge dans la chambre à côté. Je m'appelle Ferrières. »

Serge fit les présentations en quelques mots, puis il ajouta poliment :

« Assieds-toi, citoyen. Tu mangeras bien un bout de pain avec nous ?

— Ah ! Ce n'est pas de refus. »

Sans se faire prier, Ferrières prit place sur une des paillasses, comme s'il n'avait attendu que cette invitation. Thibaut lui tendit un quignon de pain, qu'il accepta sans hésiter.

« Vous n'êtes guère mieux logés que moi, observa-t-il, la bouche pleine. Ah, pour sûr, ce n'est pas Versailles ! Moi, je n'ai pas toujours été pauvre. Autrefois, j'étais maître d'école à Milly-la-Forêt. Mais on m'a fait des ennuis, et j'ai dû m'en aller... »

Il n'expliqua pas de quels « ennuis » il s'agissait.

« Alors, je suis monté à Paris, poursuivit-il. Un peu avant la Révolution. A présent, je gagne ma vie comme écrivain public. J'ai mon échoppe dans la rue des Francs-Bourgeois, et je suis là tous les jours. Je ne me plains pas, notez bien. Les clients ne manquent pas. »

Remarquant l'usure de ses vêtements aux coudes et aux genoux, Serge comprit qu'il mentait. L'homme était sûrement très pauvre. Il ne reviendrait sans doute les voir que pour se faire nourrir, ou pour emprunter quelques sous... « Il a l'air d'un brave type, se dit le jeune garçon. Alors, pourquoi ne pas l'aider, tant que nous le pouvons ? »

« Veux-tu un verre de vin, citoyen ? » proposa Thibaut.

Ferrières accepta et continua de soliloquer tout en mangeant. Tandis qu'il l'écoutait, Serge se demanda si, de son côté, ce vieil homme ne pourrait pas les aider. Après tout, échange de bons procédés...

« Il faudra lui parler un peu, pour savoir ce qu'il pense, conclut-il. Mais pas maintenant. Le moment n'est pas encore venu... »

*

* *

Le lendemain, Serge commença par organiser la journée.

« Aujourd'hui, annonça-t-il, nous allons flâner dans les rues, Thibaut et moi. D'abord ensemble, et puis séparés... Il ne faut pas trop attirer l'attention. Juste gratter des informations, un peu partout, sans en avoir l'air.

— Quelles informations ? s'enquit Thibaut.

— N'importe quoi. Tout ce qui peut nous aider pour l'évasion. Pendant les premiers jours, on va fourrer le nez partout, mine de rien. Après ça, on y verra plus clair, et on établira des plans plus détaillés.

— Compris, dit Thibaut.

— Et moi ? demanda Xolotl.

— Toi, tu resteras ici. Tu vas regarder par la lucarne, pour surveiller les sentinelles. Il y a sûrement des gens qui vont régulièrement dans la Tour. Il faut savoir à quel moment ils entrent, et quels sont les contrôles... Mais attention, hein : discret !

— Compte sur moi. »

Dès que Serge et Thibaut furent sortis, Xolotl prit son poste à la lucarne. Il s'y trouvait depuis une heure environ, quand il entendit des pas qui montaient l'escalier. Presque aussitôt, la citoyenne Brécourt entra, sans se donner la peine de frapper à la porte.

« Ah ! dit-elle. Tu regardes la prison des tyrans, Manech... Ça fait plaisir à voir. Moi, je monte ici de temps en temps, rien que pour jeter un coup d'œil... »

A présent qu'elle était proche de lui, Xolotl remarqua des détails de sa physionomie qui lui avaient échappé jusqu'alors : ses petits yeux gris qui sautaient sans cesse d'un objet à l'autre, ses poils au menton qui lui donnaient un air hommasse... Pas très appétissante, la citoyenne! Un instant, il se demanda si elle était vraiment montée pour voir la Tour. Puis il chercha quelque chose à dire, mais ce n'était pas nécessaire. Quand elle était bien lancée, la citoyenne Brécourt n'avait pas besoin qu'on l'encourage à parler.

« Je n'ai pas manqué d'aller voir, quand on a passé le tyran au rasoir national... Tu sais ce que c'est, le rasoir national, Manech?

— La guillotine?

— Oui, bien sûr. Et j'y étais aussi, quand on a raccourci l'Autrichienne. Ah! Je peux dire que j'étais heureuse, ce jour-là. Elle a fait tant de mal au pauvre peuple, cette femme... »

Xolotl l'écoutait avec un peu d'étonnement. Comment pouvait-on conserver tant de haine pour une reine morte? Mais l'aubergiste n'en avait pas terminé. Elle se tourna vers la Tour et, soudain très grave :

« Mais ce n'est pas fini, Manech. La race du tyran n'est pas éteinte. Le louveteau vit toujours. J'espère qu'on fait bonne garde, et qu'on ne va pas le laisser filer! »

Sa voix s'était faite sifflante et ses yeux brillaient de fureur. Brusquement, elle se tourna vers Xolotl :

« Quand je pense qu'il y a des aristocrates qui cherchent à le faire évader... Sacristi! C'est la guillotine qu'il faut, pour ces gens-là. Pas de pitié pour les traîtres... »

*
* *

Le soir même, Xolotl raconta tout par le menu à ses compagnons.

« Tu crois qu'elle se doute de quelque chose ? demanda Serge avec inquiétude.

— Non, répondit Xolotl. Elle a dit ce qui lui passait par la tête. Une minute plus tard, elle n'y pensait plus, et elle me racontait des blagues.

— J'aime mieux ça, murmura Serge. La guillotine, non merci !

— Elle ne sait rien, reprit Xolotl, mais il faut se méfier d'elle... Si un jour elle a des soupçons, elle ira nous dénoncer, recta.

— Mmmmm. »

Serge se tut quelques instants, pensif, puis il conclut d'un ton décidé :

« On ne surveillera plus la Tour d'ici. Demain, nous partirons tous les trois. »

*
* *

La journée du lendemain se passa à flâner dans Paris, à la recherche de nouveaux renseignements. Mais dès leur retour dans la mansarde, à la nuit tombante, Xolotl comprit qu'il s'était passé quelque chose d'anormal.

« On a fouillé nos sacs », chuchota-t-il.

Il posa doucement sur le plancher la chandelle qu'il tenait, et entreprit de vider son sac. Serge et Thibaut s'agenouillèrent à côté de lui, et l'imitèrent. Après quelques minutes, Serge murmura :

« On n'a rien volé. On a remis tout ce qu'on avait retiré, à peu près comme c'était avant. »

Xolotl examinait un des sacs, avec beaucoup de soin.

« On n'a pas décousu le double fond ? demanda Serge avec inquiétude.

— Non, répondit Xolotl. Sûrement pas. »

Malgré cette réponse rassurante, il continuait à passer et repasser un doigt sur les coutures du sac, les sourcils froncés.

« Quelque chose qui ne va pas, Xo ?

— Oui. Il est fabriqué avec une machine, ce sac ? »

La question était tellement imprévue que Serge resta muet, sur le moment.

« Bien sûr ! dit-il enfin. Pourquoi tu demandes ça ? »

Xolotl répondit par une autre question.

« On l'a inventée quand, la machine à coudre ? »

Serge chercha dans sa mémoire, puis secoua la tête en signe d'ignorance.

«Je ne sais pas. Vraiment pas.

— Bon, poursuivit Xolotl. Mais en 1793, il n'y en avait pas encore?

— Non, bien sûr. Mais pourquoi tu veux savoir ça?

— Parce que les coutures de nos sacs sont trop belles. Il n'y a pas moyen d'avoir des points si réguliers, en travaillant à la main.

— Et alors?

— N'importe quelle couturière pourra voir que nos sacs ne viennent pas de cette époque-ci. Et c'est embêtant.

— Zut! fit Serge. On n'avait pas pensé à ça...»

Thibaut, pendant ce temps, avait commencé à remettre en place soigneusement tout ce qu'il avait retiré de son sac.

«Qui a pu faire ça? murmura-t-il. Et pourquoi?»

Serge haussa les épaules, comme si la réponse ne faisait aucun doute à ses yeux.

«C'est la citoyenne Brécourt, tiens! Elle savait que nous n'allions pas rentrer avant le soir, et elle est curieuse comme une fouine.

— Est-ce que...? demanda Thibaut.

— Non. Elle voulait savoir ce que nous possédions... Peut-être aussi qu'elle cherchait un peu d'argent. Il paraît que ses affaires ne vont pas trop bien. »

Xolotl eut une moue sceptique. Après avoir rangé ses quelques habits en toute hâte, Serge s'assit sur sa paillasse et se tourna vers ses compagnons.

« Et maintenant, si on parlait de l'évasion ?

— Ça ne sera pas du gâteau, commença Thibaut. Il y a des gardes à l'entrée de l'enceinte. Et vingt mètres de terrain découvert entre le mur d'enceinte et la Tour. C'est éclairé pendant toute la nuit, et il y a encore des gardes à l'entrée de la Tour. Les murs ont quatre pieds d'épaisseur, et toutes les fenêtres sont grillagées.

— Bon, fit Serge. Tu proposes quoi ? »

Thibaut regarda Serge, interloqué.

« Mais... rien du tout ! dit-il. Qu'est-ce que tu ferais, toi ? Creuser un tunnel ? Enlever le Dauphin avec une grue ?... En face d'une prison pareille, il n'y a rien à proposer. »

Serge ne répondit pas. Thibaut avait raison. Louis XVII était trop bien gardé...

« Il y a des gens du dehors qui entrent dans la Tour, dit soudain Xolotl de sa voix calme. J'en ai vu qui montraient un laissez-passer, à la porte de l'enceinte.

— Mmmmm, fit Serge.

— Eh bien ! poursuivit Xolotl. Il faut se procurer un laissez-passer, et entrer ainsi. Puis sortir avec le Dauphin, bien sûr. En somme, il faut entrer et sortir en plein jour, devant tout le monde. Je ne vois pas d'autre moyen. »

*
* *

Deux jours plus tard, la citoyenne Brécourt appela Serge au moment où il rentrait.

« Hé! Sylvain! J'ai une bonne nouvelle pour toi.

— Ah? fit Serge, plutôt surpris.

— Le boulanger de la rue Phélipeau cherche un mitron. Je lui ai parlé de Manech. Ce serait un bon travail pour lui... »

Serge réfléchit rapidement. Ils n'avaient pas besoin d'argent, et tous trois devaient garder les coudées franches pour préparer l'évasion. Cette offre de travail tombait fort mal, et il fallait trouver une bonne raison de la refuser.

« Il ferait quoi, là-bas? demanda-t-il pour gagner du temps.

— Dame! Le travail habituel du mitron. Bluter la farine, pétrir, découper les pâtons, chauffer le four, l'ébraiser... Que sais-je, moi? »

Serge avait eu le temps de réfléchir.

« Ça n'ira pas, dit-il fermement. Manech a été fort malade, l'hiver passé. Il est resté au lit pendant deux mois, et il tousse facilement. La poussière de farine et la chaleur du four, ça sera mauvais pour lui... Non. Ce n'est pas possible. »

L'aubergiste prit un air ennuyé.

« Ça m'embête ! bougonna-t-elle. J'avais quasiment promis de trouver quelqu'un... Et Thomas ? Il conviendrait bien, lui.

— Non, citoyenne. Ça n'ira pas non plus.

— Pourquoi ? Tu ne vas pas me dire qu'il est malade, lui ? Il est fort comme un bœuf. »

Serge inventa très vite une excuse acceptable.

« C'est vrai, dit-il. C'est le plus fort de nous trois. Mais il a des faiblesses qui le prennent, tout d'un coup. Alors, il tombe comme une masse, n'importe où. S'il est devant le four à ce moment-là, il va tomber dedans.

— Ah ? Le pauvre ! Il a le haut mal... Parfois, ceux qui ont ça ont l'air très forts, et ils ne le sont pas. Pauvre gars ! Je ne voudrais pas être à sa place... »

Elle haussa les épaules.

« Bah ! conclut-elle. J'ai tort de m'en faire. On trouvera bien un mitron. Au jour d'aujourd'hui, c'est plein de jeunes qui pleurent après du travail... »

## 3

# Le mouchard

La plupart du temps, les trois garçons rentraient à la nuit tombante et passaient la soirée dans leur chambre en parlant longuement de ce qu'ils avaient appris pendant la journée. Un soir, Thibaut se laissa tomber sur sa paillasse avec un soupir de découragement.

« Moi, ce qui m'étonne le plus, dit-il, c'est que tout le monde tremble devant la guillotine. Les gens ne pensent plus qu'à ça. »

C'était vrai. Le Tribunal révolutionnaire était expéditif, et la guillotine ne chômait pas. A Paris, on savait que des dizaines de têtes tombaient chaque jour dans le panier de son. Nul n'était sûr du lendemain, et la peur se sentait partout — dans les rues, dans les cafés, dans les maisons.

« Bien sûr ! approuva Serge. Ce n'est pas pour rien, que cette époque-ci s'appelle la Terreur. Maintenant que j'y vis, je comprends vraiment pourquoi.

— D'accord, dit Thibaut. Mais alors, pourquoi le professeur ne nous a-t-il pas envoyés plus tôt ? »

Ils étaient assis sur deux paillasses, à peine éclairés d'un bout de chandelle, collé sur une soucoupe ébréchée, à même le plancher.

« Impossible ! répondit Serge. Avant le 2 août 1793, ça n'aurait servi à rien.

— Pourquoi ?

— Parce que Marie-Antoinette était toujours dans la tour du Temple. On savait que le comte de Fersen voulait la faire évader, par n'importe quel moyen, et la garde était plus rigoureuse à cette époque-là.

— Plus que maintenant ? demanda Xolotl, d'un ton incrédule.

— Oui. Maintenant, la garde est moins sévère, parce que le Dauphin est logé avec des gens qui le surveillent. Un certain citoyen Simon, qui était cordonnier avant la Révolution. Et sa femme, bien sûr. Ils s'occupent de lui tous les deux, sans le quitter d'une semelle. »

La flamme de la chandelle tremblait au moindre souffle. Elle éclairait les trois garçons par en dessous, leur donnant une apparence de spectres.

« Bon, je comprends ça, dit Xolotl. Mais alors, on aurait pu nous débarquer plus tard.

— Non, Xo. Ce n'était pas possible non plus, parce que les Simon vont quitter la Tour le 30 nivôse.

— Et la garde va devenir plus dure après ?

— Oui. C'est pour ça que le professeur veut justement nous récupérer ce jour-là. Si nous n'avons pas réussi avant le 30 nivôse, ça ne vaudra plus la peine d'essayer. Plus tard, l'évasion ne sera plus possible... »

*

* *

Le lendemain soir, Xolotl rentra à l'auberge bien avant ses deux amis. N'ayant rien à faire, il s'assit sur sa paillasse et attendit. Après quelques minutes, on frappa à la porte. C'était Ferrières.

« Tu es tout seul, Manech ? demanda le vieil homme.

— Oui.

— Tu n'aurais pas un quignon de pain ? »

Xolotl lui tendit un morceau de pain et un bout de lard. Puis, se rappelant qu'il restait un quart de vin rouge, il le lui donna aussi.

« Tu peux manger ici, si tu veux, proposa-t-il gentiment.

— Oui ? Merci, Manech ! Il fait plus chaud ici que chez moi. »

Sans hésiter, le vieil homme s'assit sur une paillasse. Xolotl le laissa manger tranquillement pendant quelques minutes, puis il entreprit de le faire parler.

« Dis-moi... Tu en as connu, toi, des aristocrates ?

— Oui, Manech. Ce ne sont pas de mauvais bougres, tu sais. Ce sont des hommes comme toi et moi. Toute la différence, c'est qu'ils sont nés riches, parce qu'ils avaient un aïeul aux Croisades... »

Alors, Ferrières raconta la misère et la famine des gens du peuple, avec des mots simples. Il parlait sans haine et sans colère, en homme intelligent qui réfléchit à ce qu'il voit, et qui a beaucoup vécu. Xolotl l'écouta longtemps, puis il prit à son tour la parole.

« Moi, je comprends qu'on ait raccourci Louis Capet et l'Autrichienne. Ils ont fait assez de mal au peuple, bien sûr... Mais le petit Capet n'a rien fait, lui. Pourquoi est-il en prison ?

— C'est vrai, Manech. Il n'a rien fait de mal, mais on est bien obligé de le tenir en prison.

— Pourquoi ?

— Hé! Si les aristocrates mettaient la main sur lui, ils en feraient bientôt leur chef, et ce serait la guerre civile... Ne sais-tu pas que la Bretagne et la Vendée ne demandent qu'à se soulever ? »

Le vieil homme but une gorgée de vin, la dernière qui restait dans la bouteille. Puis, s'essuyant la bouche du revers de la main :

« Vois-tu, Manech, reprit-il, j'aime beaucoup les enfants. Tous les enfants, car ils sont tous pareils, ceux qui sont nés dans la paille ou avec un louis d'or sur la langue... Le gamin de la Tour, c'est un petit garçon comme les autres. Quand j'arrive dans la rue de la Corderie et que je vois sa prison, je pense toujours à lui, et ça me fend le cœur de le savoir enfermé là-dedans. Mais il faut qu'il y reste, et personne n'y peut rien. »

Xolotl en savait assez. Une chose était claire : Ferrières ne les aiderait jamais, inutile de lui poser d'autres questions. Dès qu'il fut seul avec ses deux compagnons, il leur rapporta fidèlement toute la conversation.

« Ça va mal, conclut Serge. Si même un brave type comme lui pense ainsi, nous n'allons trouver personne pour nous aider, c'est clair. Et si on ne nous aide pas, nous ne sommes pas tirés d'affaire... »

*
* *

Le lendemain, l'aubergiste appela Serge au moment où il passait dans la salle commune.

« Hé ! Sylvain ! C'est bientôt le jour où tu dois payer ta chambre.

— Ce sera le 12, citoyenne. Nous sommes arrivés le 2, et nous avons payé dix jours d'avance. »

La femme calcula rapidement.

« Tu as raison, ce sera le 12. Auras-tu l'argent, ce jour-là ?

— Oui. Bien sûr. »

L'aubergiste réfléchit, toussota comme pour s'éclaircir la voix, puis se décida tout à coup.

« Si tu as l'argent, peux-tu le donner maintenant ? J'ai un paiement à faire demain.

— Bien sûr, citoyenne. »

Serge fouilla dans sa poche, en tira quelques assignats et les posa sur une table.

« Voilà, citoyenne.

— Merci. Tu es un bon gars. »

Elle compta les assignats, avec un sourire satisfait. Puis elle ajouta brusquement :

« C'est drôle, quand même ! Vous avez de l'argent et vous mangez à votre faim. Et pourtant, aucun de vous trois ne travaille... D'où il vient, votre argent ?

— C'est simple, citoyenne. Nous avons tous vidé le bas de laine avant de quitter le village.

— Est-ce que vous ne seriez pas des aristocrates, par hasard ? »

Puis, avant que Serge eût eu le temps d'ouvrir la bouche, elle haussa les épaules avec un gros rire.

« Suis-je bête ! Est-ce que des aristocrates viendraient se loger à Paris, dans une mansarde à douze sous ? Ils ne sont pas fous, les aristocrates. Ils filent hors de France, ça vaut mieux pour eux... »

*

*  *

Dans la soirée, comme ils achevaient de dîner dans leur mansarde, Thibaut se tourna soudain vers Serge.

« Moi, dit-il, je ne comprends pas d'où il sort, ce cordonnier Simon... Qu'est-ce qu'il fabrique dans la Tour, avec le Dauphin ?

— Il est là comme gardien, expliqua Serge. Et comme éducateur, aussi. »

Thibaut eut un mouvement de surprise.

« Pourquoi ? Il connaît tant de choses, ce Simon ?

— Non, répondit Serge. Il est plus ignorant qu'une vache. Et on l'a choisi justement parce qu'il est ignorant. On veut que le Dauphin apprenne à parler comme un gamin des rues... Plus personne ne l'appelle Monseigneur. Il doit oublier tout son passé, ainsi, aucun risque qu'il devienne roi!

— C'est ignoble... » murmura Thibaut.

Serge eut un geste résigné.

« Mets-toi à la place des révolutionnaires, dit-il. Ils ne vont pas le préparer à monter sur le trône, tout de même!

— Heu...

— Réfléchis un peu, poursuivit Serge. Quand nous l'aurons sorti de sa prison, nous devrons faire la même chose. Il ne peut plus être roi, c'est fini... Pour vivre en liberté, il doit devenir un enfant pareil aux autres. Nous serons bien obligés, nous, de lui parler comme à un gosse des rues. Pas moyen de faire autrement. »

Thibaut ne répondit pas. Il n'oubliait pas qu'il était né dans un château, lui...

« Tu ne crois pas? insista Serge.

— Non. Un fils de roi ne peut pas accepter ça.

— Pourquoi pas? »

Mais Thibaut ne voulut pas en dire davantage.

*
* *

Le lendemain, les trois garçons s'apprêtaient à dîner quand la citoyenne Brécourt appela Xolotl et le pria de fendre du bois pour son feu.

« Elle exagère, grommela Serge. Quand je pense au prix qu'on paie, elle ne devrait pas nous casser les pieds avec des petites corvées !

— Alors, j'y vais, ou pas ? demanda Xolotl.

— Vas-y, dit Serge. Il vaut mieux être en bons termes avec elle. On t'attendra pour manger.

— D'accord. »

Xolotl descendit. Un quart d'heure après, il remontait, la mine sombre.

« Qu'est-ce qui se passe, Xo ?

— Elle m'a parlé de Ferrières pendant que je coupais son bois, expliqua Xolotl. Il paraît qu'il ne gagne presque rien comme écrivain public. Ce n'est pas son vrai métier. En réalité, c'est un mouchard. Il travaille pour la police. »

Serge eut l'impression d'un grand froid sur les épaules, tout à coup, comme si, dans les secondes à venir, les gardes nationaux allaient se précipiter dans la mansarde et les emmener tous les trois.

« Elle t'en a parlé, à propos de quoi ? demanda-t-il d'une voix blanche.

— A propos de rien. Elle me l'a dit comme ça, pendant que je coupais son bois. Elle a même ajouté : "Si tu n'es pas droit dans tes bottes, ne le lui dis surtout pas!" »

Les yeux fixés sur le plancher, Serge réfléchissait activement.

« Je ne comprends plus! murmura-t-il. Avec la citoyenne Brécourt, je suis toujours à côté de la plaque. Il n'y a pas moyen de savoir si elle va nous aider, ou nous tirer dans le dos... Il faut avoir les nerfs solides pour vivre avec elle. »

Il secoua la tête à plusieurs reprises, comme si ce geste l'aidait à oublier l'aubergiste et les problèmes qu'elle posait...

Après dîner, comme ils étaient couchés et que Thibaut dormait déjà, Xolotl se tourna vers Serge et chuchota :

« Tu dors?

— Non.

— Tu te rappelles, quand on était à Rome? Tu connaissais le danger, et tu as tout essayé pour sauver Palma. Vraiment tout. Tu te souviens? »

Oui, Serge se rappelait. C'était aussi la nuit. Ils avaient longuement parlé dans le noir, Xolotl et lui, pendant que tous les autres dormaient autour d'eux — et, dans son souvenir, Serge entendait encore le jet d'eau de l'atrium... Cette fois déjà, il voulait à tout prix changer l'Histoire et sauver Palma, malgré les conseils de prudence que Xolotl lui répétait inlassablement.

«Je n'ai pas oublié, murmura Serge. On n'a rien pu faire. C'est toi qui avais raison, cette nuit-là...

— Eh bien! Je me demande si ce ne sera pas encore la même chose ici... Nous allons faire tout ce que nous pourrons. Mais est-ce que ça va changer l'Histoire?

— Va-t'en savoir...»

4

# La blanchisseuse

Les jours suivants, les trois garçons continuèrent à s'informer. Serge et Thibaut se relayaient pour surveiller les gens qui pénétraient dans la Tour, en cherchant à deviner pourquoi on les laissait entrer. Pendant ce temps, Xolotl, que la couleur de sa peau rendait plus facile à reconnaître, flânait dans Paris sans but bien défini.

Le soir du 10 nivôse, Serge, rentrant très tard à l'auberge, trouva ses deux amis fort inquiets.

« Qu'est-ce qui s'est passé ? lui demanda Xolotl.

— Rien de grave, répondit aussitôt Serge. J'ai trouvé quelqu'un d'intéressant. La citoyenne Clouet. Elle habite près d'ici, dans la rue des Fontaines-du-Temple.

— Et alors?

— Elle est blanchisseuse, et c'est elle qui lave le linge de la Tour. Tous les dix jours, elle enlève le linge sale, et elle rapporte celui qu'elle a lavé. Elle vient avec un garçon livreur qui porte un panier. Et le panier est largement assez grand pour cacher un gamin de neuf ans.»

Le pain et le fromage du dîner étaient posés sur une des paillasses, entre Serge et Xolotl, mais aucun des trois garçons ne songeait plus à manger.

«On n'a pas besoin d'un dessin, dit Thibaut. Tu voudrais qu'un de nous trois se fasse embaucher comme livreur... C'est bien ça?

— Oui, approuva Serge. Et comme tu es le plus costaud, il vaut mieux que ce soit toi. Quand tu sortiras de la Tour avec le gamin, le panier pèsera dans les trente kilos. Il faudra que tu le portes comme s'il était vide.

— D'accord! fit Thibaut. Je marche.

— Hé! Minute! objecta Xolotl. La citoyenne Clouet a déjà un livreur. Elle ne va pas en prendre un deuxième.

— J'y ai pensé, dit Serge. Il faudra d'abord éliminer ce gars-là, c'est clair.

— Et comment comptes-tu t'y prendre?

— Aucune idée.»

*

* *

Le lendemain, c'était à Thibaut de surveiller l'entrée de la Tour, sans trop se montrer. Serge et Xolotl partirent ensemble pour flâner en ville.

« Où on va ? demanda Xolotl.

— N'importe où, expliqua Serge. J'ai besoin de réfléchir, surtout. Il y a deux loustics qui m'embêtent drôlement. D'abord Ferrières...

— Et puis ?

— Le livreur de la blanchisserie, bien sûr. Il faudra s'en débarrasser en douceur. Et ça, ce ne sera pas facile. »

Ils marchèrent quelque temps au hasard, puis Serge eut une idée.

« Viens ! On va passer par la rue des Francs-Bourgeois. Ainsi, on saura si Ferrières a vraiment le métier qu'il dit... »

Ils n'eurent aucune peine à trouver leur voisin de palier, et ce qu'il appelait pompeusement « son échoppe ». Le vieil homme était assis sous un porche, et travaillait sur un petit pupitre accroché au mur — en soufflant parfois sur ses doigts pour les réchauffer. A cet instant précis, il écrivait une lettre pour une femme qui attendait, debout près de lui, et il ne releva pas la tête pendant que les deux garçons passaient sur le trottoir d'en face... Dès qu'ils furent à bonne distance, Serge chuchota :

« Tu crois vraiment que c'est un mouchard ? »

Xolotl fit une grimace incertaine, et Serge comprit qu'il hésitait autant que lui. Chez les deux garçons, c'était la pitié qui l'emportait, en cette minute. Ferrières n'avait pas menti. Il était vraiment écrivain public. C'était un gagne-petit, comme Paris en comptait tant depuis la Révolution. Un isolé, parmi les milliers de miséreux qui parvenaient tout juste à ne pas mourir de faim. L'hiver était dur, cette année-là, et les prix montaient de façon vertigineuse.

« Est-ce qu'il gagne assez pour vivre, à ton avis ?

— N'oublie pas qu'il boit ! répondit Xolotl. Il lui faut plus d'argent qu'à un autre. »

C'était vrai. Le soir, Ferrières s'attardait souvent dans la salle commune de l'auberge. Sans aller jusqu'à s'enivrer tout à fait, il buvait beaucoup... Le vin coûtait cher. Si Ferrières buvait, il avait besoin d'argent. Et cet argent, il devait bien le trouver quelque part.

« Oui, murmura Serge. C'est peut-être un mouchard, tout compte fait. Il faudra se méfier. »

Puis il s'efforça de songer au problème du livreur. Comment faire pour s'en débarrasser ?

« Je crois que j'ai trouvé... » dit-il enfin.

Et il expliqua son idée, en quelques phrases. Xolotl laissa échapper un sifflement étonné.

« Oh ! là là ! Ça va coûter cher ! murmura-t-il.

— Tant pis. Il faut ce qu'il faut.

— Et tu vas lui parler quand ?

— Ce soir. »

Xolotl approuva d'un signe de tête.

« Il vaut mieux que je n'aille pas avec toi, ajouta-t-il. Il va se méfier, si nous sommes deux. »

Le soir venu, les deux garçons se séparèrent donc, comme convenu. Serge se posta dans la rue des Fontaines-du-Temple, à un endroit où il pouvait surveiller facilement la blanchisserie. Il attendit que le livreur eût terminé sa journée, le laissa sortir de la boutique et lui emboîta aussitôt le pas. Après deux ou trois cents mètres, il pressa l'allure pour le rattraper peu à peu... Puis, comme ils n'étaient plus qu'à quelques pas l'un de l'autre, Serge eut un doute — comme s'il sentait, tout à coup, qu'il était en train de faire fausse route.

« Non ! songea-t-il. Si je lui parle maintenant, il aura le temps de changer d'avis pendant la nuit. J'attendrai demain matin, c'est plus sûr. »

Il suivit donc le livreur jusque chez lui, et repéra soigneusement l'endroit. Puis il revint à l'auberge, où ses deux amis l'attendaient.

« Alors ? demanda Thibaut. C'est fait ?

— Pas de problème, expliqua Serge. Demain, tu n'auras qu'à te présenter à sept heures dix chez la citoyenne Clouet, et je te garantis que le gars ne sera pas là... Avec un peu de chance, elle va t'embaucher.

— Tu es sûr qu'il n'y sera pas ?

— Tout à fait. »

*

* *

Le lendemain matin, Serge se leva le premier et quitta l'auberge sans éveiller ses compagnons. Il savait qu'il pouvait avoir confiance ; Thibaut se présenterait chez la blanchisseuse à l'heure convenue. Thibaut n'avait jamais besoin qu'on lui rappelle ce qu'il devait faire.

Il avait gelé pendant toute la nuit et il gelait encore, mais Serge, très excité, ne sentait pas le froid. Il retrouva sans peine l'endroit où habitait le livreur, se cacha sous un porche et attendit. Quand le garçon sortit de chez lui, Serge se plaça sur le même trottoir. Puis il marcha plus lentement, jusqu'à ce que l'autre arrivât à sa hauteur.

« Salut, citoyen ! » lança Serge.

Le garçon lui jeta un regard un peu étonné, mais pas hostile. Le regard de quelqu'un qui vient de se lever, qui s'est habillé très vite pour partir à son travail, mais qui n'est pas encore tout à fait réveillé.

« Salut ! répondit-il.

— Il fait froid, aujourd'hui, dit Serge.

— Mmmmm. »

Ils firent quelques pas côte à côte en silence, puis Serge reprit la parole.

« Je m'appelle Sylvain.

— Et moi, Pierre, dit le garçon.

— Tu ne vas pas du côté de la barrière d'Enfer, par hasard ?

— Non. Je vais du côté du Temple.

— Dommage ! » fit Serge.

Pierre mordit tout de suite à l'hameçon.

« Pourquoi ?

— Pour rien. Si tu avais été à la barrière d'Enfer, ça pouvait t'intéresser. Il y a de la braise à gagner.

— Combien ?

— Cent sous.

— Il faut travailler longtemps, pour ramasser ça ?

— Une journée. »

Pierre s'arrêta net. Il respirait court, tout à coup, comme si les deux derniers mots de Serge ne « passaient » pas.

« C'est sérieux ? Cent sous pour une journée ? C'est cinq fois ce que je gagne à la blanchisserie !

— Oui. Cinquante sous maintenant, cinquante sous ce soir. Et autant les jours suivants. »

Le premier choc passé, Pierre hésitait visiblement. Il était plus méfiant qu'il ne le paraissait.

« C'est dangereux ? demanda-t-il.

— Pas du tout.

— Alors, c'est malhonnête ?

— Non. C'est honnête, je te jure. »

D'instinct, Pierre s'était rapproché, et il parlait à présent tout bas.

« Alors, pourquoi tu donnes autant de braise ? souffla-t-il.

— Parce que c'est difficile, expliqua Serge. On a besoin d'un gars très futé, pour ce travail-là.

— Il faudra faire quoi ?

— Surveiller une maison, dans la rue d'Enfer... »

Serge décrivit la maison avec soin, en précisant qu'il fallait attendre qu'une jeune femme en sorte, et la suivre sans se faire voir. Pierre hochait régulièrement la tête en faisant « Mmm... », pour montrer qu'il comprenait... Puis il resta silencieux pendant un long moment. Serge devina qu'une nouvelle difficulté venait de surgir, tout à coup. Le garçon avait peur, tout simplement — une vraie peur qui risquait de tout faire échouer.

« C'est pour un aristocrate ?

— Hé ! Non ! s'écria Serge avec indignation. Pour qui me prends-tu ? C'est pour un patriote, bien sûr ! Un patriote qui a beaucoup d'argent.

— Bon. Alors, ça va. »

Serge lui compta cinq pièces de dix sous.

« Voilà, dit-il. On se reverra ce soir, et tu en auras encore autant. Et tantôt, je passerai dans la rue d'Enfer, pour voir si tout va bien. »

Pierre eut une dernière hésitation.

« Oui, mais... Je perdrai ma place, à la blanchisserie.

— Et après ? dit Serge. Qu'est-ce que ça fait ? Tu vas gagner cinq fois plus, avec moi... »

*

* *

Le subterfuge de Serge réussit parfaitement. Dès qu'elle fut à peu près sûre que Pierre ne viendrait pas, la citoyenne Clouet embaucha Thibaut, en bougonnant.

« Celui-là, je le retiens ! Je le savais, qu'il allait me quitter, un jour ou l'autre... Et toi ? Tu viens pour rester ? Ou pour t'en aller au bout de deux mois ?

— Je viens pour rester, citoyenne. »

La blanchisseuse n'avait guère plus de vingt-cinq ans, mais elle portait deux alliances soudées l'une à l'autre — ce qui montrait qu'elle était veuve. Elle regarda longuement Thibaut, comme si elle hésitait encore.

« Es-tu robuste, au moins ? » demanda-t-elle d'un ton brusque.

Sans répondre, Thibaut prit un poids de cinquante livres qui se trouvait là, et le tint à bout de bras sans effort apparent.

« Oui, tu es très fort. C'est bien, mais je ne peux pas te donner plus de vingt sous par jour. J'ai une petite fille à nourrir.

— Ça ira, citoyenne.

— Bon. Alors, je te prends. »

Elle réfléchissait rapidement, la citoyenne Clouet. C'était une femme de tête, qui savait s'organiser...

« Voilà, dit-elle. Nous sommes aujourd'hui le 12, et c'est le 14 que je vais reporter le linge à la tour du Temple. Je n'ai pas envie d'y aller toute seule. Il faut que tu puisses m'accompagner là-bas. Je vais demander un laissez-passer pour toi à la Commune... Donne-moi ton passeport. Je te le rendrai demain. »

Thibaut le donna, et la femme l'examina rapidement.

« Alors, j'entrerai dans la Tour, citoyenne ? demanda-t-il.

— Oui. Tu viendras avec moi, comme Pierre venait.

— Et je verrai le louveteau ?

— Bien sûr, tu le verras. Mais, sapristi! Ne l'appelle pas comme ça! C'est un petit garçon comme les autres, et il n'a rien fait de mal. Il n'a pas mérité de vivre en prison, je te jure... Et il est bien malheureux, là-bas.»

*

* *

Le 14 nivôse, Thibaut accompagna la blanchisseuse à la tour du Temple. Et le soir, sa journée de travail terminée, il s'en revint à l'auberge avec ses vingt sous. Serge aussitôt l'interrogea.

«Alors, tu l'as vu? Comment il est?

— Pas costaud», répondit Thibaut, laconique.

Voilà qui avançait bien peu Serge... Aux yeux de Thibaut, presque tout le monde était «pas costaud».

«Le cordonnier Simon, tu l'as vu?

— Oui.

— Il a quel âge?

— Cinquante-cinq ou soixante.

— S'il fallait se battre avec lui... Ce serait difficile?»

Thibaut haussa les épaules en riant.

«Si tu l'avais vu, tu ne poserais pas cette question-là. C'est une vraie chiffe.

— Bon! dit Serge, satisfait. Tu as vu sa femme?

— Oui.

— Ils habitent où ?

— Au deuxième étage de la Tour, avec le Dauphin. Ils ne le quittent jamais. C'est comme si c'était leur gosse. Ils l'appellent Charles... D'ailleurs, tout le monde l'appelle Charles, ou même Charlot. »

Rien que de très normal, se dit Serge. L'enfant s'appelait Louis-Charles, et on voulait lui faire oublier qu'il avait porté le prénom des rois de France. Pour tout le monde, le fils de Louis XVI était devenu Charles Capet.

« Et comment ça se passe, pour aller dans la Tour ?

— On entre d'abord dans une grande salle, au rez-de-chaussée. Dans cette salle, il y a quatre commissaires qui contrôlent les laissez-passer. Impossible de monter dans la Tour sans passer par là.

— Compris. Alors ?

— L'escalier est dans une des tourelles. On grimpe, et au premier étage, c'est le corps de garde.

— Combien de soldats ?

— Quinze ou vingt. Avec deux sous-officiers et un lieutenant.

— Ils contrôlent aussi les laissez-passer ?

— Oui. »

Serge se tut un instant, songeur.

« Quand tu es sorti, on a regardé dans ton panier ?

— Oui.

— Des deux côtés ? Au corps de garde et chez les commissaires ?

— Oui.

— Tss, tss... ils ne lésinent pas sur la surveillance ! »

Depuis le début de la conversation, Serge regardait sans le voir le bout de chandelle qui les éclairait — toujours collé sur la même soucoupe ébréchée. Toutes ces nouvelles peu réjouissantes donnaient à réfléchir.

« Et toi ? demanda-t-il à Xolotl. Qu'est-ce que tu en penses ?

— Pas beaucoup de bien. Ce sera dur. »

Soudain un bruit de pas résonna dans l'escalier.

« C'est Ferrières, chuchota Thibaut. C'est l'heure où il monte, d'habitude... »

En effet, leur voisin entra dans sa chambre, dont il ferma la porte avant de pousser le verrou. Les trois garçons l'entendirent déplacer sa chaise, puis se coucher. Alors, seulement, ils reprirent leur conciliabule.

« La meilleure solution, c'est que la citoyenne Clouet accepte de nous aider, chuchota Serge. Si elle marche avec nous, on a des chances de s'en sortir.

— Tu crois qu'elle voudra? demanda Thibaut, dubitatif.

— Pas exclu, répondit Serge. Elle a sûrement pitié du gosse, puisqu'elle t'a dit qu'il était malheureux... Peut-être qu'elle nous aidera... Il faudra lui poser la question. Sans te mouiller, bien sûr.

— J'essaierai», promit Thibaut.

# 5

# Le plan s'élabore

Le lendemain, Thibaut entreprit de gagner la confiance de la blanchisseuse, et il y parvint sans trop de peine. Le soir, au moment de s'en aller, il dit gentiment :

« Il reste beaucoup à faire, citoyenne. Faut-il travailler encore un peu aujourd'hui ?

— Non, Thomas. Je le ferai. J'ai l'habitude.

— Mais il y en a quand même beaucoup, insista Thibaut. Je peux vous aider. Ainsi, ce sera fini plus tôt. »

La blanchisseuse resta indécise, visiblement embarrassée.

« C'est que, vois-tu... Je ne suis pas assez riche pour te donner plus que tes vingt sous !

— Pas grave, citoyenne. Je le fais pour rendre service. Sans rien demander en échange. »

Thibaut se mit aussitôt à la tâche, travaillant vite et bien. Il était fort adroit, et tout fut achevé vers dix heures.

« Merci, Thomas, dit la jeune femme avec un bon sourire. Si tu ne m'avais pas aidée, j'en avais sûrement jusqu'à minuit. Viens avec moi. »

Elle conduisit Thibaut dans la cuisine, sortit d'une armoire un fromage de chèvre, et coupa deux grosses tranches de pain.

« Nous avons bien mérité de manger un peu », dit-elle.

Thibaut s'assit de l'autre côté de la table, et commença de manger. La citoyenne Clouet semblait heureuse de sa soirée.

« Tu es un bon gars, Thomas. Il n'y en a guère comme toi. »

Elle regardait Thibaut avec une sympathie réelle, et le garçon comprit que c'était le moment ou jamais de lui parler. Il se jeta à l'eau...

« Hier, ça m'a fait quelque chose, de voir le petit Capet dans sa prison. C'est un pauvre gosse, et il n'a pas mérité ça.

— C'est vrai, approuva la femme. Mais on ne peut rien y faire. A présent qu'il y est, il faut bien qu'il y reste. »

Sur ce, elle prit une bouteille de vin et remplit deux verres.

« On n'a jamais cherché à le tirer de là ? » demanda Thibaut en retenant son souffle.

La femme posa la bouteille sur la table.

« Non. On n'a jamais essayé. Personne n'oserait. Vois-tu, Thomas, il y a le Tribunal révolutionnaire et la guillotine, pour ceux qui voudraient faire évader le petit Capet... »

Elle prit son verre en main, et regarda Thibaut bien en face.

« As-tu déjà vu la guillotine, Thomas ?

— Non.

— Moi, je l'ai vue. J'ai vu guillotiner la ci-devant comtesse du Barry. C'était le 18 du mois passé. J'avais voulu voir, comme tout le monde, et j'étais là bien avant l'aube, pour avoir une bonne place... »

Elle leva son verre comme si elle allait boire. Mais elle le reposa tout de suite sur la table et poursuivit :

« J'étais tout près des Tuileries. Derrière moi, tout plein d'hommes et de garçons avaient grimpé sur les grilles pour mieux voir. Ils ont tous crié quand la charrette est arrivée... Elle est passée près de moi, et j'ai vu la du Barry de tout près, comme je te vois maintenant. Encore belle, malgré ses cheveux déjà coupés par le bourreau... »

Elle parlait à mi-voix, et regardait droit devant elle, les yeux agrandis par l'horreur, comme si elle voyait encore la scène.

« Elle est montée à l'échafaud, lentement, et on l'a liée sur la planche. Et le roulement des tambours ne s'est pas arrêté, jusqu'à ce que sa tête tombe dans le panier. »

Malgré son courage, Thibaut sentit un frisson lui passer dans le dos. Quand la femme eut terminé son récit, elle but son vin d'un trait. Thibaut but à son tour, sans rien dire — il en avait bien besoin. Après un long silence, la citoyenne Clouet reprit la parole :

« Ecoute-moi, Thomas. J'aime bien le petit Capet, et je le plains de tout mon cœur. Mais je comprends qu'on n'ose pas le tirer de là. Parce que tout le monde a peur de la guillotine. Tout le monde... »

*

*   *

Voyant que Thibaut ne rentrait pas à l'heure habituelle, Serge se sentit inquiet tout à coup. Il sortit et rôda dans les rues, passant et repassant à plusieurs reprises devant la blanchisserie. Comme il n'observait rien d'insolite, il revint finalement à l'auberge, toujours aussi inquiet, et attendit dans la mansarde en compagnie de Xolotl, qui lui aussi rongeait son frein.

Vers onze heures, on entendit des pas dans l'escalier — les pas étouffés de celui qui rentre tard et qui cherche à ne pas éveiller les autres. C'était Thibaut. Son premier geste, en entrant fut de montrer la chambre voisine en chuchotant :

« Ferrières est là ?

— Oui, fit Serge. Mais il dort depuis longtemps. Tu as du nouveau ? »

A voix très basse, Thibaut raconta sa soirée.

« Autant dire qu'elle ne fera rien, murmura Serge.

— Sûrement. Elle est vraiment morte de peur. »

L'exécution de la du Barry lui revint en mémoire. L'échafaud, la guillotine, la place noire de monde. Et il entendait le roulement des tambours... Avec un frisson, il ajouta, comme pour lui-même :

« Et franchement, je comprends qu'elle ait peur. »

Il se tut, les yeux fixés sur la flamme de la chandelle, comme s'il y avait là un spectacle qu'il fût seul à voir. Puis, chassant d'un geste cette vision oppressante, il se tourna vers Serge.

« Alors ? Qu'est-ce qu'on va faire ? Tu as un autre plan ?

— Non », répondit Serge.

*
* *

Le lendemain, Thibaut partit très tôt pour son travail, comme il le faisait maintenant chaque jour. Les deux autres se levèrent un peu plus tard, et déjeunèrent sans se presser.

« Qu'est-ce qu'on fait, aujourd'hui ? » s'enquit Xolotl.

Serge n'hésita pas un instant.

« Toi, tu vas aller du côté de la rue de Grenelle, pour voir où on peut acheter une charrette et un cheval. Et combien ça coûterait.

— Pourquoi si loin ?

— Pour ne pas attirer l'attention sur nous, bien sûr. Paris est grand. Profitons-en pour brouiller les pistes !

— Compris, dit Xolotl. Quel genre tu veux ?

— Quelque chose de solide, et surtout pas lourd. C'est la voiture qui nous servira pour filer, quand on aura fait le coup... Il n'y aura pas intérêt à traîner. »

Xolotl réfléchit pendant quelques instants, puis :

« Une charrette couverte ? s'enquit-il. Ou découverte ?

— Couverte, répondit Serge. Ecoute bien... On va faire évader le gamin dans un panier. A partir de ce moment-là, on ne pourra plus s'arrêter nulle part. Il faudra le sortir de son panier, et lui changer ses vêtements. Il y a un contrôle des passeports à la barrière de la Villette, et tout doit être fini avant qu'on arrive là-bas. La charrette doit absolument être bâchée, pour qu'on puisse habiller le gosse tout en roulant.

— Compris», répéta Xolotl.

Il prit un croûton de pain qui traînait sur sa paillasse, et dit à Serge :

«Et toi? Où tu vas, aujourd'hui?»

Serge eut un sourire énigmatique.

«Je te le dirai si ça réussit...»

*

* *

Il n'était pas loin de minuit, ce jour-là, quand Thibaut rentra.

«Tu t'es encore dévoué? demanda Serge.

— Tu parles! répliqua Thibaut. Maintenant que je l'ai fait une fois, il faut que je continue. Sinon, elle n'aurait plus confiance.»

Xolotl lui montra sa part du dîner, qu'ils avaient conservée.

«Tu veux manger?

— Ah, oui! dit Thibaut. Aujourd'hui, elle ne m'a pas donné une miette. Pourtant, je l'ai aidée à coucher sa gosse, et j'ai lavé la vaisselle. Je vais devenir bonne à tout faire, si ça continue!»

Il prit le pain que Xolotl lui tendait, en coupa un gros morceau et se tourna vers Serge.

« Alors ? Tu as réfléchi ?

— Oui, répondit Serge. Pendant que tu faisais tes livraisons, ce matin, je suis allé voir la citoyenne Clouet. Simplement pour lui porter du linge à laver, sans dire que j'étais copain avec toi. J'ai parlé de la pluie et du beau temps, et pendant ce temps-là, je l'ai bien regardée...

— Ah oui ? Conclusion ? fit Thibaut, la bouche pleine.

— Elle a la même taille que moi, poursuivit Serge. Elle est blonde, comme moi. Elle a la même forme de visage, et ses yeux ont la même couleur que les miens. Sa voix sera facile à imiter, et... »

Il se tut, comme si les mots lui manquaient tout à coup — ou qu'il veuille laisser à son ami le soin d'achever.

« Tu veux la remplacer, c'est ça ?

— Oui, murmura Serge. Je m'habillerai en femme, et toi, tu t'arrangeras pour lui chiper son laissez-passer. Nous irons à la Tour ensemble, toi et moi. Ça doit marcher. »

Thibaut reposa son croûton sans dire un mot. Saisissant la chandelle, il l'approcha du visage de Serge qui le laissa faire, visiblement mal à l'aise.

« Pourquoi tu fais cette tête-là ? demanda Thibaut.

— Parce que ça ne m'amuse pas de m'habiller en femme ! grommela Serge. Je n'aime pas ça, tu peux me croire. Ça va être un mauvais moment à passer.

— Moi non plus, je n'aimerais pas », chuchota Xolotl.

Thibaut haussa légèrement les épaules.

« Bah ! Ça n'est pas bien grave... On ne fait pas d'omelette sans casser les œufs... Mais ça marchera, avec un peu de chance. »

Il replaça la chandelle sur le plancher et se caressa lentement le menton d'un air pensif.

« Bon. Supposons que tout se passe bien et qu'on file avec le gamin... Il y aura une enquête après, bien sûr. Logiquement, tous les témoins vont jurer qu'ils ont vu la citoyenne Clouet dans la Tour, ce jour-là. Comment veux-tu qu'elle prouve qu'elle n'y était pas ? On va l'arrêter tout de suite, et ce sera la guillotine, directement.

— J'y ai pensé, avoua Serge. Mais je n'ai pas de solution.

— Il faut en trouver une. »

6

# Une fausse manœuvre

Le lendemain, Thibaut se leva le premier, comme chaque matin. Il s'habilla dans le noir, à tâtons, et sortit de l'auberge sans déranger ses deux compagnons.

C'est seulement bien plus tard que Serge ouvrit les yeux, à l'heure où la mansarde commençait à s'éclairer d'un demi-jour triste et terne. Xolotl attendait son réveil, dressé sur un coude. Dès qu'il le vit remuer, il lui fit signe de se taire et de ne pas bouger.

Etouffés par l'épaisseur des murs, les bruits de l'auberge n'arrivaient pas jusqu'à eux, mais les deux garçons devinaient sans peine tout ce qui se passait dans la chambre de Ferrières. Ils entendirent le vieil homme se laver et s'habiller, puis déplacer sa chaise à plusieurs reprises. Serge jeta un coup d'œil à son compagnon, comme pour demander ce qu'ils attendaient — et Xolotl lui fit signe de patienter.

Comme huit heures sonnaient au clocher de Saint-Nicolas-des-Champs, Ferrières sortit de sa chambre. Les deux garçons l'entendirent descendre l'escalier à pas pesants. Un peu plus tard, la porte extérieure de l'auberge s'ouvrit, puis se referma. Xolotl se leva sans bruit, entrouvrit la lucarne et regarda au-dehors sans se montrer.

« Tout va bien, dit-il à mi-voix. Il a pris la rue de la Corderie, et il part vers la rue des Francs-Bourgeois. Il ne revient jamais pendant la journée. Nous avons le temps. »

Il montra, dans la cloison qui séparait les deux mansardes, un trou de quelques millimètres à hauteur d'homme. Serge émit un sifflement léger.

« Eh bien... Tu le sais depuis quand ? demanda-t-il.

— Depuis cette nuit. Il s'est levé vers une heure du matin, et il a travaillé à je ne sais pas quoi. Par moments, on voyait la lueur de sa chandelle...

— Mais le trou existait peut-être avant ?

— Bien sûr. On ne peut pas savoir. »

Xolotl se baissa, fouilla sous sa paillasse, et en tira un crochet de fer, long de dix à quinze centimètres.

«J'ai trouvé ça dans un tas de ferraille, expliqua-t-il. Je me doutais bien qu'on en aurait besoin, un jour ou l'autre. Viens avec moi...»

Il ouvrit la porte et, une fois sur le palier, écouta longuement si personne ne montait. Rassuré, il introduisit le crochet dans la serrure de Ferrières, et manœuvra pour ouvrir la porte. Serge le regardait, sans trop l'approuver. C'était un aspect de l'aventure qu'il n'aimait guère, et il était heureux que Xolotl eût moins de scrupules. «Après tout, se dit-il pour se donner bonne conscience, on a quand même le droit d'espionner un peu les mouchards...» Il laissa donc travailler Xolotl et, une minute plus tard, la porte était ouverte.

Aucun des deux garçons n'était jamais entré dans la chambre de Ferrières. Le trou, à peine visible dans leur mansarde, était nettement plus grand du côté de Ferrières. Xolotl examina tout avec beaucoup d'attention et remarqua un morceau de plâtre, au pied de la cloison.

«Pas moyen de voir si on s'est servi d'un outil pour faire ce trou, conclut-il. Le bout de plâtre a bien pu tomber tout seul... Et on ne sait pas si ça date d'hier, ou de la nuit des temps.»

Serge jeta un coup d'œil autour de lui. La chambre de Ferrières n'avait pas d'autre mobilier qu'une paillasse, une chaise et une vieille caisse. Xolotl s'approcha de la caisse et essaya de l'ouvrir, mais elle était clouée. Il se frotta les doigts, tout gris de poussière.

« Il y a des semaines qu'on n'a pas touché cette caisse », murmura Serge.

Evidemment, pour quatre sous par jour, l'aubergiste ne prenait pas la peine de nettoyer la mansarde, et Ferrières ne se souciait guère de faire le ménage... Serge était furieux. Il avait l'impression de patauger au milieu d'un bourbier — et de s'enfoncer un peu plus chaque fois qu'il essayait d'avancer d'un pas. En cette minute, Ferrières lui semblait un parfait salaud.

« Viens, chuchota Xolotl. On n'a plus rien à faire ici. »

Les deux garçons sortirent sur le palier, et Xolotl referma la porte avec son crochet. Puis ils rentrèrent dans leur chambre.

« On n'a rien appris de nouveau, observa Xolotl.

— Peut-être... Mais maintenant, nous savons qu'il nous entend comme il veut. Il faudra nous tenir à carreau. »

Serge se demanda s'il n'était pas trop tard, si l'imprudence n'était pas déjà commise. La veille, ils avaient échafaudé des projets pendant que Ferrières était dans sa mansarde. Certes, ils avaient parlé tout bas... Mais si l'autre avait collé l'oreille contre la cloison ?

« Est-ce qu'on a encore l'oreille fine, à son âge ?

— Ma foi..., soupira Xolotl. Ça dépend, tu sais bien. »

Et si c'était Ferrières qui avait fouillé leurs sacs. Et s'il les soupçonnait depuis le début ? S'il s'agissait vraiment d'un mouchard ? Une angoisse insidieuse monta en Serge...

*

* *

Quelques jours s'écoulèrent. Thibaut partait chaque matin pour la blanchisserie, et revenait toujours à la nuit noire. On aurait pu croire qu'il était le seul à travailler, mais en réalité, ses deux compagnons ne restaient pas inactifs.

Serge employait une bonne partie de son temps à parcourir la ville pour payer Pierre avec régularité. Il passait le contrôler à des heures très variables pour l'obliger à rester à son poste, et surtout pour s'assurer qu'il ne venait jamais dans le quartier du Temple. Par bonheur, Pierre tenait beaucoup à son salaire — et Serge pouvait s'en convaincre en voyant briller ses yeux quand il recevait, matin et soir, ses cinq pièces de dix sous. Ainsi, tenu par l'appât du gain, le garçon faisait exactement ce qu'on voulait. Serge n'avait donc pas d'ennuis de ce côté, mais il perdait un temps fou à se déplacer.

Quant à Xolotl, il flânait dans Paris, apparemment sans but. Ce fut cependant lui qui dénicha, dans une petite boutique proche de Saint-Germain-des-Prés, la perruque et l'alliance double que Serge devrait porter le jour de l'évasion.

En revenant de son travail, chaque soir, Thibaut posait à Serge la même question :

« Alors ? Tu l'as trouvé, l'alibi pour la citoyenne Clouet ? »

Et chaque fois, Serge répondait :

« Pas encore. »

*

* *

Le 22 nivôse, Serge n'avait toujours rien trouvé, et il était d'une humeur massacrante.

« Ça ne va pas, toi ? demanda Xolotl.

— Gngngngn... »

Xolotl, qui connaissait bien Serge, devina très vite ce qui clochait.

« Ferrières ?

— Oui, répondit Serge, heureux de pouvoir parler. Il y a beaucoup de choses qui me tracassent. Le trou dans la cloison... Nos sacs qu'on a fouillés... Et puis, ce que la mère Brécourt a raconté sur lui. Je voudrais bien savoir si c'est un mouchard, ou non.

— Et comment tu vas t'y prendre, pour le savoir ?

— En le filant, bien sûr. Si c'est un mouchard, il est obligé de rencontrer des policiers de temps en temps, pour leur raconter tout ce qu'il sait. »

Visiblement peu enthousiaste, Xolotl ne dit mot. Mais Serge ignora la réticence de son camarade :

« On va le surveiller, cet après-midi », conclut-il.

Vers trois heures, les deux garçons se postèrent dans la rue des Francs-Bourgeois, à un endroit où ils pouvaient observer Ferrières sans être vus.

« Tu verras ! dit Serge. Il ne restera pas jusqu'au soir. »

En effet, un peu plus tard, le vieil homme décrocha son pupitre et le porta dans une maison voisine. Puis il se dirigea vers la Seine, et les deux garçons le suivirent à bonne distance. A aucun moment, l'homme ne se retourna.

« Ça ira, chuchota Serge. Il ne se méfie pas. »

Ferrières suivit la rue Saint-Antoine pendant une cinquantaine de mètres, puis il bifurqua vers la rue Saint-Paul. Les deux garçons pressèrent aussitôt le pas, pour éviter de le perdre de vue trop longtemps. Mais, arrivés au coin de la rue, ils se trouvèrent nez à nez avec lui. Debout sous un porche, à l'entrée de la rue Saint-Paul, il semblait attendre quelqu'un.

Ce fut un choc brutal pour Serge, qui crut que son cœur allait s'arrêter de battre. En une fraction de seconde, il comprit qu'il avait eu tort de suivre Ferrières. Puis, passé le premier moment de surprise, il s'avança vers le vieil homme.

« Ho ! Citoyen ! On te cherchait, justement. Veux-tu boire un verre avec nous ?

— Vraiment ? Tu me cherchais, Sylvain ? »

Serge se demanda si Ferrières était dupe, ou s'il avait deviné ce qui se passait. N'importe, il fallait jouer la comédie jusqu'au bout.

« Oui, citoyen ! Connais-tu un café où l'on sert un bon petit vin ? Où nous pourrons parler tranquillement ?

— Bien sûr », dit le vieil homme en clignant de l'œil.

Revenant vers la rue Saint-Antoine, il conduisit les deux garçons dans un petit troquet paisible. Dès qu'ils furent assis, et que Serge eut commandé à boire, Ferrières se tourna vers Serge et le regarda fixement :

« Ainsi, tu voulais me dire quelque chose, Sylvain ? »

Fort heureusement, en parcourant les cent cinquante mètres qui les séparaient du café, Serge avait eu le temps de réfléchir... L'important était de neutraliser Ferrières, et de l'empêcher à tout prix de joindre la police, pendant les quarante-huit heures qui restaient avant l'évasion.

« Non, citoyen, dit-il avec assurance. Nous n'avons rien de particulier à te dire. Mais tu ne trouves pas ça drôle, que nous logions sur le même palier que toi, et qu'on ne se parle jamais ? »

Ferrières lança un coup d'œil rapide à Serge.

« Bien sûr, dit-il. Mais c'est vous autres qui êtes drôles. Vous ne travaillez pas, et pourtant vous mangez à votre faim. Vous ne... »

Il s'interrompit brusquement et leva son verre.

« N'y pensons plus ! dit-il, jovial. Buvons plutôt...

— A ta santé, citoyen. »

Ferrières aimait le vin, et on l'amenait sans peine à parler de n'importe quoi. Le plus difficile, pour Serge et Xolotl, fut de le faire boire sans s'enivrer eux-mêmes... Toute la soirée se passa ainsi, à converser avec Ferrières à bâtons rompus. Finalement, ils rentrèrent à l'auberge vers dix heures, et Serge offrit une dernière tournée. Le vieil homme n'hésita pas une seconde.

« Avec plaisir ! s'écria-t-il. Après, nous n'aurons qu'à monter nous coucher. »

Serge avait des comprimés de somnifère sur lui. Il en fit tomber un dans son vin, sans attirer l'attention, et réussit à glisser son verre devant Ferrières. Le vieil homme ne remarqua rien, et but tout d'un trait. Quelques minutes plus tard, il se mit à bâiller, et s'en étonna.

« C'est curieux ! Voilà que j'ai sommeil, tout à coup... »

Il essaya bien de résister, mais ses yeux se fermaient malgré lui. Très vite, il s'endormit sur la table, la tête posée sur les avant-bras. La citoyenne Brécourt, qui était dans la salle à ce moment, prit la chose avec bonne humeur.

« Ouais ! dit-elle. Il a dû lever le coude, pour en arriver là ! D'habitude, il ne s'endort pas si vite. C'est vrai, qu'il a quand même un fameux trou sous le nez... Dites donc, les gars ! Vous allez le monter dans sa chambre, j'espère...

— Bien sûr, citoyenne. »

7

# Incertitude

Serge et Xolotl portèrent le vieil homme dans sa chambre, et le couchèrent sur sa paillasse sans qu'il s'éveillât. Puis ils passèrent dans leur mansarde. Thibaut rentrait justement, et Serge lui raconta ce qui était arrivé.

« Sale histoire ! dit simplement Thibaut.

— Oui, reconnut Serge. J'ai gaffé, en essayant de le surveiller. S'il n'avait pas de soupçons, maintenant il en a. »

Thibaut réfléchissait, les sourcils froncés. Visiblement, il ne prenait pas les choses à la légère. Un peu honteux, Serge se taisait, regardant vaguement la flamme de la chandelle. Pendant un long moment, on n'entendit rien d'autre que le grignotement d'une souris —

toujours la même — quelque part dans l'épaisseur du mur. Puis Xolotl parla, tout bas.

« Si on allait se loger ailleurs ? proposa-t-il.

— Tu veux dire : dans un autre quartier ? demanda Serge.

— Oui. On n'est pas obligés de rester ici... »

Thibaut secoua la tête, lentement.

« Pas question ! trancha-t-il. D'abord, ce serait la preuve qu'on n'a pas la conscience nette. Ensuite, la police pourra quand même nous retrouver, puisque je travaille chez la citoyenne Clouet... Non. Il faut rester ici, c'est clair.

— Mmmmm... » fit Xolotl.

Il n'était pas d'accord et cela se voyait, mais il n'insista pas. Thibaut se tourna vers Serge.

« Et maintenant, que comptes-tu faire ?

— Il faudra le bloquer dans l'auberge, répondit Serge. En l'empêchant de sortir, par tous les moyens. S'il ne nous a pas encore dénoncés, nous avons une chance de nous en tirer.

— Tu as un plan ?

— Oui. Il va dormir pendant toute la nuit, c'est sûr. Demain, j'irai le trouver dans sa mansarde, je lui raconterai qu'il a été malade et je lui ferai boire un quart de vin, avec un autre comprimé de somnifère.

— Bon. Et après ? »

Serge hésita. Il connaissait la faiblesse de son plan. Le professeur Auvernaux n'avait fourni que trois comprimés de somnifère, et il fallait absolument en garder un pour l'évasion du petit roi... Avec le deuxième comprimé, Ferrières dormirait jusqu'au lendemain soir, mais Serge n'avait aucune idée de ce qu'il pourrait faire le surlendemain.

« Après, je ne sais pas, avoua-t-il. Mais j'ai encore vingt-quatre heures pour y penser. Je trouverai bien quelque chose. »

*

* *

Cette nuit-là, Serge dormit très mal. Il n'avait pas encore trouvé un alibi sérieux pour la citoyenne Clouet, et en même temps, il ne se pardonnait pas l'erreur qu'il avait commise en suivant Ferrières. Pendant une bonne partie de la nuit, il se retourna et se retourna sur sa paillasse, sans parvenir à fermer l'œil. Deux ou trois fois, il entendit ouvrir une porte et se dressa sur un coude — le cœur battant la chamade, et presque sûr que les gardes nationaux allaient surgir dans la mansarde... Mais non. Tout était calme. Serge n'entendait que la respiration de ses deux compagnons qui, eux, dormaient tranquillement. Alors il se recouchait, et son esprit recommençait à sauter d'un problème à l'autre.

Enfin, vers deux heures du matin, une idée lui vint. Il hésita d'abord, puis comprit qu'il tenait enfin la solution. Son plan était encore vague, mais il avait le temps de le mettre au point. A peu près rassuré, il dormit alors jusqu'au petit jour.

*

* *

Le 23 nivôse, Thibaut partit le premier, comme d'habitude. Dès qu'il fut sorti, Xolotl montra la chambre de Ferrières, d'un geste du pouce.

« Tu t'occupes de lui ? demanda-t-il.

— Oui. »

Serge fit fondre un comprimé de somnifère dans un quart de vin, prit un morceau de pain et passa dans la mansarde voisine. Ferrières dormait. Serge le secoua pour l'éveiller, d'abord doucement, puis plus rudement. Le vieil homme ouvrit les yeux à demi, en marmottant quelque chose d'indistinct.

« Hé ! dit Serge. Tu as été rudement malade hier soir, citoyen. Nous avons dû te mettre au lit. Je t'apporte un quignon de pain, et un peu de vin pour te donner du courage. »

Mal réveillé, Ferrières secoua d'abord la tête. Serge crut qu'il se méfiait, mais il se rassura vite en le voyant s'asseoir sur sa paillasse avec un sourire égaré.

«Je veux bien manger, marmonna le vieil homme. Mais je ne bois pas le matin, Sylvain. Jamais.»

Tout en le regardant mâchonner son pain, Serge lui fit un brin de conversation. Ferrières répondait de temps en temps, d'une voix pâteuse, en deux ou trois mots. Il avait les yeux troubles et les gestes lents, comme s'il était encore aux trois quarts endormi. Au bout d'un moment, Serge insista pour le faire boire.

«Non, Sylvain. Jamais le matin, je te dis.

— Mais si! Ça te remettra, citoyen...»

Ferrières finit par céder, trop fatigué pour discuter plus longtemps. Il accepta le vin comme il aurait accepté une potion quelconque, et se recoucha tout de suite.

«Je n'ai pas de forces, gémit-il. Ça se pourrait quand même bien, que je sois malade.»

Une minute plus tard, il dormait à poings fermés. Serge sortit, referma doucement la porte et revint dans l'autre mansarde, où Xolotl l'attendait avec sa patience habituelle.

«Ça y est?

— Oui, répondit Serge. On est tranquilles jusqu'au soir. Après, on verra.»

Il partagea le pain qui restait, et se mit à manger.

« Où on va, aujourd'hui ? demanda Xolotl.

— Toi, tu iras acheter des vêtements pour le gosse. Tout ce qu'il faut pour habiller un gamin de neuf ans, sans rien oublier. Pour les souliers, prends-les plutôt grands. S'il le faut, on les bourrera avec du papier.

— Bon, dit Xolotl. Où je vais trouver ça ?

— Chez un fripier. Il ne faut surtout pas des vêtements neufs. Et pas des habits d'aristo, bien sûr. Choisis de vieilles nippes, un peu râpées, mais bien chaudes. Si on le fait évader, ce n'est pas pour qu'il attrape un rhume.

— Bon, répéta Xolotl. Et ce fripier, où je vais le trouver ?

— Dans la rue Mouffetard, répliqua Serge sans hésiter. Je vais te conduire jusque-là, puis je te laisserai. »

Dès qu'il eut quitté Xolotl, Serge se dirigea vers l'ouest de la ville. Arrivé près de l'Hôtel des Invalides, il chercha longuement dans les rues voisines. Il s'arrêtait de temps en temps, interrogeait un passant au hasard, puis repartait. Enfin, une femme lui donna le renseignement qu'il cherchait.

« Oui, mon gars. C'est bien là qu'il habite, le citoyen Saint-Just. Tout au bout de la rue Saint-Dominique. »

C'était une femme d'une quarantaine d'années, avec des joues très rouges et un beau sourire. Serge la regarda avec gratitude.

« Merci, citoyenne ! Si vous saviez quel service vous m'avez rendu... Un grand merci !

— De rien, mon gars ! Tant mieux si j'ai pu t'aider, ça me fait plaisir. »

Serge revint sur ses pas, franchit la Seine et vint rôder près de l'Hôtel de Ville. Là, il chercha les panneaux où l'on affichait les avis officiels. Il les examina longuement et patiemment — avec autant de soin que s'il voulait les apprendre par cœur. Puis il rentra à l'auberge et grimpa jusqu'à la mansarde, où Xolotl l'attendait depuis longtemps.

« Alors, tu as trouvé ?

— Oui », répondit Serge.

Il verrouilla soigneusement la porte, prit de l'encre et du papier, et se mit au travail. Et très vite — à l'entendre jurer entre ses dents, à le voir tailler et retailler sa plume avec son canif — Xolotl comprit qu'il n'était pas facile d'écrire avec une plume d'oie.

« Bon sang ! Quel sale outil ! Quand je pense qu'on écrit si bien avec un bic... »

Heureusement, au bout d'un moment, il attrapa le tour de main et s'absorba dans sa besogne. Il travailla ainsi pendant une bonne heure, presque sans lever le nez. Etendu sur une paillasse à côté de lui, Xolotl le regarda longtemps sans poser de questions. Quand ce fut terminé, il approuva à voix basse.

« Bonne idée. Avec ça, la citoyenne Clouet n'aura rien à craindre.

— Rien du tout », dit Serge, satisfait.

Il relut le papier avec soin, sécha l'encre avec un peu de poudre. Puis il le plia en quatre et le glissa dans une de ses poches... Il était toujours étendu à plat ventre sur sa paillasse, dans la position qu'il avait prise pour écrire. La tête posée sur ses poings fermés, il regarda droit devant lui et resta pendant une longue minute sans parler.

« Ce que je déteste, moi, c'est le danger qu'on ne voit pas, murmura-t-il. Un danger qui rôde à gauche et à droite, et dont on ne sait rien. Il est peut-être loin, mais je ne l'entendrai pas approcher. Et je ne saurai jamais s'il est vraiment là... »

La tête de Serge était tout près de la chandelle. La flamme tremblait quand il parlait, et chaque mot qu'il prononçait faisait courir une ombre sur le mur.

« Demain, j'irai dans la Tour avec Thibaut, dit-il encore. Ce ne sera pas drôle, mais je sais que je ne flancherai pas. Je ferai tout ce qu'il faudra, même si ça finit par tourner mal. Le pire, c'est encore de rester ici, sans rien faire... »

Xolotl écoutait, sans un mot. Il savait que Serge n'attendait pas de réponse. Et Serge, de son côté, savait qu'il pouvait dire ses pensées les plus secrètes : Xolotl ne répéterait jamais rien, à personne... Il poursuivit, toujours à voix très basse :

« Aujourd'hui, je suis revenu par la rue Saint-Paul. Il y a un bureau de police là-bas, à cinquante pas de l'endroit où Ferrières se trouvait hier... Je suis sûr qu'il attendait quelqu'un, pour transmettre un message.

— Tu crois qu'il nous a déjà mouchardés? chuchota Xolotl.

— Aucune idée. Mais il va le faire très vite, c'est sûr.

— Mmmmm.

— Demain soir, tout sera fini. Nous serons hors de Paris, ou bien... Ou bien, nous coucherons en prison. »

Serge se tut et laissa passer quelques secondes. Il respira doucement l'odeur de suif qui se dégageait de la chandelle, et cette odeur familière le tira de sa rêverie.

« Il faut que je fasse le passeport du gamin », chuchota-t-il.

Patiemment, il entreprit de découdre le double fond de son sac — point par point, du bout de la lame de son canif. Il en tira un passeport en blanc, et s'apprêta à le remplir.

« Quel nom vas-tu lui donner ? demanda Xolotl.

— Fromont, bien sûr. On dira que c'est mon petit frère. Il a les cheveux blonds, comme moi. Ça paraîtra tout naturel.

— Et le prénom ? »

Serge hésita.

« Un prénom qu'on entend souvent... »

Il réfléchit en suçant le bout de sa plume, puis après quelques secondes :

« Jean-Marie... Pourquoi pas ? Jean-Marie Fromont, ça sonne bien. Ça donne confiance. »

Et il commença de remplir le passeport.

Tandis qu'il s'appliquait, Xolotl, de son côté, réfléchissait activement.

« Comment tu vas l'empêcher de sortir, Ferrières ? Tu n'as plus qu'un comprimé de somnifère, et tu ne peux pas t'en servir... Alors ?

— Pas compliqué, répondit Serge. On va d'abord le réveiller, s'il dort encore. Et on passera la soirée avec lui.

— Et demain ?

— Ça... c'est encore autre chose ! »

Réveillé par Xolotl, quelques minutes plus tard, Ferrières descendit d'un pas mal assuré dans la salle commune de l'auberge, et les deux garçons n'eurent aucune peine à le faire bavarder comme la veille. Serge comprit très vite qu'il n'oublierait jamais cette soirée-là... Par moments, le vieil homme n'avait aucune méfiance et semblait trouver naturel qu'on lui offre à boire pour l'écouter parler. Mais parfois aussi, il se taisait comme s'il pensait à autre chose, et son regard se troublait. A ces moments-là, Serge avait l'impression, tout à coup, de marcher sur des œufs — il était à peu près sûr que Ferrières en savait dix fois plus qu'il ne le disait, et que tout pouvait tourner au drame en moins d'une minute... Une fois même, le vieil homme s'interrompit au milieu d'une phrase et demanda brusquement :

« D'où vient-il, tout votre argent ? »

C'était une question gênante, mais Serge n'eut pas le temps de s'inquiéter, car Ferrières parla tout de suite d'autre chose.

Thibaut revint de son travail vers dix heures, et prit place à table avec eux. Plus le temps passait et plus Ferrières buvait, comme si sa soif augmentait. Bientôt, il montra des signes d'ivresse. Ses mains tremblaient, et sa voix devenait pâteuse. Il recommença une phrase deux ou trois fois, sans parvenir à l'achever. Silencieusement, Xolotl lui remplit son verre, et reposa la bouteille sur la table. L'homme but aussitôt cul-sec, et, d'un air qui se voulait pénétrant :

« C'est pas clair du tout, ce que vous faites..., balbutia-t-il. Qu'est-ce que vous fricotez, pendant tout le jour? Dans quel coin de Paris allez-vous?»

Il dévisagea les trois garçons l'un après l'autre, les yeux mi-clos, en dodelinant de la tête. Serge comprit qu'il n'était même pas utile de répondre. Sans un mot, il lui versa un autre verre de vin.

«Merci... S... S... Sylvain. T'es gentil, toi...»

Quelques minutes plus tard, Ferrières s'effondrait sur la table. Sans effort apparent, Thibaut le chargea sur son dos, le monta dans sa mansarde et le coucha sur sa paillasse. A ce moment, le vieil homme ouvrit les yeux et aperçut les trois garçons autour de lui. Il reconnut Xolotl.

«Ah! Manech! dit-il en riant. Je sais beaucoup de choses. Tu ne le croirais pas, si je te disais tout... Oui. Beaucoup de choses...»

Il rit encore, comme s'il avait lancé une bonne plaisanterie, puis il ferma les yeux et s'endormit pour de bon.

# 8
# Les deux citoyennes Clouet

Le lendemain, Serge s'éveilla le premier. En ouvrant les yeux, dans le noir, il songea tout de suite que c'était « ce jour-là »... Presque aussitôt, six coups sonnèrent au clocher de Saint-Nicolas-des-Champs. Le garçon se souvint alors des paroles de Ferrières, et un sourire se dessina sur ses lèvres.

« Tu sais beaucoup de choses, citoyen. Et tu te crois très fort. Oui. Mais dans une heure, nous ne serons plus ici... »

Il se glissa hors de ses draps, enfila rapidement son pantalon et chercha la chandelle à tâtons. Ouvrant la porte sans bruit, il descendit au rez-de-chaussée, toujours à tâtons. Une fois dans la cuisine, il alluma sa chandelle au feu qui couvait et prit de l'eau à la pompe. Comme il achevait d'emplir son seau, la citoyenne Brécourt entra dans la pièce, en chemise de nuit, les yeux tout gonflés de sommeil.

« Bonjour, citoyenne.

— Qu'est-ce qui t'arrive, Sylvain ? Tu te lèves bien tôt... »

Serge mentit effrontément.

« Il faut bien, citoyenne. On m'a promis du travail aujourd'hui, chez un épicier, près du marché des Innocents.

— Hé ! Ce n'est pas trop loin, ça... »

Sans laisser à l'aubergiste le temps de poursuivre ses commentaires, Serge partit en emportant la chandelle et le seau. Dans la mansarde, les deux autres l'attendaient, bien éveillés. Serge posa le seau entre les paillasses, et tous trois commencèrent à se laver, sans un mot. Chacun pensait : « C'est aujourd'hui » — mais aucun ne voulait en parler le premier. Toujours silencieusement, ils s'habillèrent. Xolotl sortit son couteau, partagea le pain et le fromage.

« C'est le dernier repas qu'on fait ici », murmura-t-il.

A peine la dernière bouchée avalée, Thibaut se leva, prêt à partir.

« Tu as le papier ? » chuchota Serge.

Thibaut se fouilla, sortit le papier que Serge avait préparé la veille, le vérifia rapidement à la lueur de la chandelle, et le remit en poche.

«Je ne le perdrai pas, promit-il. N'aie pas peur.

— Bon. Et ton pistolet, tu l'as?

— Oui.»

Thibaut sortit de sa poche un pistolet à gaz qui avait à peu près la taille d'un petit automatique. Le professeur Auvernaux leur en avait procuré trois avant leur départ. C'étaient des armes pratiques et silencieuses, capables de fournir plusieurs décharges d'un anesthésique à effet immédiat. Des armes qui ne tuaient ni ne blessaient, mais pouvaient paralyser un agresseur pendant une demi-heure.

«Bon, répéta Serge. Alors, tout est en ordre. Maintenant, tu peux y aller.»

Une lueur de satisfaction s'alluma dans les yeux de Thibaut. Quelques secondes plus tard, il quittait la pièce... La gorge serrée, ses deux compagnons l'entendirent descendre l'escalier. Et Serge, à cet instant, sentit que la journée serait longue et difficile. Comme s'il lisait dans ses pensées, Xolotl chuchota :

«Ça te fait quelque chose, hein?

— Oui, soupira Serge. C'est vrai. J'ai un trac monstre. Fini de rigoler, aujourd'hui... Il n'y a que Thibaut qui n'a pas l'air de s'en faire. Il est parti comme s'il allait au cinéma... »

Soudain, il tendit l'oreille... La porte extérieure de l'auberge venait de s'ouvrir, puis de se refermer. Le bruit était étouffé par la distance, mais on ne pouvait pas s'y tromper. C'était Thibaut qui sortait... Alors, Xolotl montra, d'un signe de tête, la mansarde où Ferrières dormait encore.

« Et lui ? » murmura-t-il.

Il fit le geste de ligoter et bâillonner le vieil homme.

« Dangereux ! répondit Serge. Si la mère Brécourt monte dans sa mansarde, et qu'elle le trouve ainsi, c'est la catastrophe.

— Bon. Alors, comment tu vas t'en débarrasser ?

— Pourquoi veux-tu que je m'en débarrasse ? On va s'en aller dans dix minutes, et on ne reviendra plus... Qu'est-ce qu'on risque ?

— Euh...

— Réfléchis, Xo. Ferrières a des soupçons, c'est sûr. Mais il ne sait rien de précis. Personne ne peut deviner où nous allons aujourd'hui, et Paris est très grand. Nous ne risquons rien. »

Xolotl regarda Serge avec inquiétude, puis haussa les épaules sans insister.

« Quand cette journée sera passée, poursuivit Serge, nos ennuis ne seront pas finis. Le gosse est trop jeune pour se tirer d'affaire tout seul. Il faudra trouver des gens qui accepteront de s'occuper de lui... Et ça, tu peux me croire, ce ne sera pas du gâteau. »

*

*   *

Serge et Xolotl quittèrent l'auberge un peu plus tard. Dans la rue des Ecouffes, ils trouvèrent un fripier qui offrait un beau choix de vêtements d'occasion.

« Ici, ça ira, décida Serge en s'arrêtant.

— Bon, fit Xolotl. Alors, on y va ? »

Serge ne répondit pas. Le souffle court, il restait planté devant la boutique, comme s'il avait les pieds collés au sol.

« Alors, on y va ? répéta Xolotl, sans impatience.

— Oui... Mais ce n'est pas normal, qu'un garçon achète ainsi des vêtements de femme. On va me ficher dehors, avec un coup de pied aux fesses, sans me laisser finir ma phrase.

— Il faut ce qu'il faut », chuchota Xolotl en lui posant une main sur l'épaule.

Le fripier en avait sans doute vu d'autres. Quand Serge expliqua, avec un peu d'embarras, ce qu'il cherchait, l'homme ne montra aucun étonnement et fit passer les deux garçons dans l'arrière-boutique.

Serge put acheter exactement ce qu'il désirait. Par chance, la robe et le manteau qu'on lui fournit étaient presque identiques à ceux que la citoyenne Clouet portait d'habitude. Assis sur un ballot de vieux vêtements, dans un coin de la pièce, Xolotl observa l'essayage avec beaucoup d'attention, et signala deux ou trois détails à modifier. Enfin, Serge coiffa la perruque que Xolotl avait achetée quelques jours auparavant, et la couvrit d'un bonnet à cocarde, pareil à celui que toutes les femmes portaient cette année-là.

« Voilà ! C'est terminé... Citoyenne !... » conclut le fripier avec un clin d'œil entendu.

Il dit alors son prix, qui était au moins le triple du prix normal. Comprenant bien que l'homme faisait payer son silence, Serge donna l'argent sans sourciller. Xolotl fit un paquet des anciens vêtements de Serge, puis les deux garçons sortirent de la boutique. En se retrouvant dans la rue, Serge se sentait vraiment mal dans sa peau. Pendant les premières minutes, il se retournait à tout moment pour s'assurer qu'on ne le suivait pas.

« Zut ! chuchota-t-il. J'ai l'impression que tout le monde sait que je suis déguisé. C'est comme si j'étais au carnaval.

— Ne t'inquiète pas, dit Xolotl. On ne voit rien du tout, je t'assure. Mais prends garde à ce que tu dis. Et n'oublie pas que la citoyenne Clouet a l'accent du Berry. Essaie de parler comme elle, ça te fera de l'entraînement. Et surtout, tâche de marcher comme une femme, à petits pas... »

Serge ne voulant surtout pas se montrer dans le quartier du Temple avant l'heure où il devait rejoindre Thibaut, les deux garçons passèrent le pont Notre-Dame et flânèrent dans l'île de la Cité. Peu à peu, Serge s'habituait à son nouveau personnage et devenait plus naturel. Vers midi, ils achetèrent du pain et du fromage, puis ils s'assirent sur un banc pour déjeuner, devant le parvis de Notre-Dame.

Xolotl semblait fort inquiet et mangeait lentement, sans appétit.

« J'ai peur, quand je pense à ce que tu vas risquer tantôt, dit-il d'une voix étouffée.

— Tais-toi, Xo. Tu vas m'enlever tout mon courage. Je sais bien que ce ne sera pas drôle. Mais on a promis de le faire, et on ne peut plus reculer, maintenant. » Il poussa un profond soupir. « N'empêche... Je donnerais n'importe quoi, pour savoir ce que Ferrières a pu raconter à la police.

— Ne parle pas trop haut... » conseilla Xolotl.

Serge jeta un coup d'œil autour de lui. On voyait peu de monde sur le parvis. Les gens qui le traversaient marchaient rapidement, et personne ne faisait attention à eux.

« Ce qui est sûr, poursuivit-il à voix basse, c'est qu'il ne faut plus mettre les pieds chez la mère Brécourt. Si Ferrières nous a mouchardés, la police peut nous tomber dessus d'une minute à l'autre. Et si on nous prend...

— Si on nous prend ?

— Tu sais, nous n'avons aucune chance d'en sortir vivants. A cette époque-ci, les choses ne traînent pas. C'est le Tribunal révolutionnaire tout de suite, et la guillotine le lendemain. Et personne ne pourra nous sauver... »

Le regard de Xolotl se posa, par hasard, sur les mains de Serge.

« Hé ! chuchota-t-il. On a oublié quelque chose... »

Il fouilla dans une de ses poches, et en tira l'alliance double qui devait compléter le déguisement. Serge la prit et la passa très vite à son doigt.

« Nous allons bientôt nous séparer, dit-il. Toi, tu iras chercher la charrette et le cheval. Et moi, je vais rejoindre Thibaut.

— O.K. »

Serge releva la tête pour observer le ciel. Un ciel triste et presque blanc, avec un pauvre soleil de janvier, qui éclairait sans réchauffer.

« Il gèle depuis cinq jours, murmura-t-il. Et le temps s'adoucit. S'il pleut ce soir, on aura un verglas terrible, cette nuit. Et il faudra rouler vite... »

Il hésita, parut réfléchir.

« Ecoute, dit-il brusquement. Tu vas chercher un maréchal-ferrant. Tu y mèneras le cheval, et tu le feras ferrer à glace.

— Tu veux dire... Avec des fers spéciaux, où il y a des pointes ?

— Oui.

— Ne fais pas ça, surtout ! S'il n'y a pas de verglas, le cheval va glisser sur les pavés, et on ira trois fois plus lentement.

— Mais s'il y a du verglas ?

— Il n'y en aura pas », dit tranquillement Xolotl.

Serge sourit. Il savait que Xolotl avait sa météo personnelle, et se trompait rarement.

« Ça va, dit-il. Tu as raison. N'en fais pas mettre. »

Il se leva, comme à regret, et ajouta :

« Maintenant, il faut nous séparer, Xo. Il est temps que j'aille retrouver Thibaut. Toi, tu nous attendras dans la rue de Bretagne, avec la charrette. Tu seras là à partir de quatre heures, et tu te placeras pour qu'on ne te voie pas de la tour du Temple...

— Ne t'en fais pas. J'y serai. »

9

# Le signal du départ

Thibaut revint à la blanchisserie vers deux heures, au grand étonnement de la citoyenne Clouet.

« Qu'est-ce qui se passe, Thomas ? Tu n'achèves pas ta tournée ?

— Pardon, citoyenne ! J'ai dû revenir... J'ai croisé un garde national qui apportait un ordre pour vous. Il m'a reconnu, et il me l'a donné. »

Thibaut sortit de sa poche un papier plié en quatre, et le tendit à la blanchisseuse. Elle hésita nettement avant de le prendre — avançant et reculant la main, comme si elle avait deviné que c'était une mauvaise nouvelle.

« Un ordre ! Tu sais ce qu'il y a dedans ?

— Non, citoyenne. Je ne l'ai pas lu, bien sûr! Mais le garde m'a dit que c'était important. Alors, je suis revenu tout de suite.»

La femme prit le papier, le déplia et le lut à mi-voix.

«Ordre est donné à la citoyenne Madeleine Clouet, blanchisseuse dans la rue des Fontaines-du-Temple, de se présenter devant le citoyen Saint-Just, en son domicile de la rue Saint-Dominique, à quatre heures de relevée, le 24 nivôse, an deuxième de la République une et indivisible. Et c'est signé...»

Elle déchiffra la signature avec difficulté.

«C'est signé Billaud-Varenne... Seigneur! Qu'est-ce qu'on me veut?»

Comme elle relevait la tête, pour la première fois, Thibaut lut de la peur dans ses yeux. En 1793, personne n'était tout à fait sûr du lendemain.

«Le garde ne t'a rien dit, Thomas? demanda-t-elle d'une voix blanche.

— Non, citoyenne. Sauf que c'était très pressé.

— Je crois bien, que c'est pressé! Il est deux heures, et c'est à l'autre bout de Paris. Je n'ai que le temps d'y aller.»

Elle passa dans le couloir pour y prendre son manteau. Puis, au moment de le jeter sur ses épaules, elle s'immobilisa.

« Oh ! là là ! Je ne peux pas y aller, voyons ! C'est aujourd'hui qu'il faut porter le linge à la Tour. Et c'est justement à quatre heures... »

Thibaut comprit qu'il devait intervenir.

« Le garde a dit que c'était important, citoyenne.

— Hé ! Je sais bien, Thomas ! Mais il est important aussi que j'aille à la Tour. Et je ne peux pas être à la fois au four et au moulin. »

Elle resta quelques secondes indécise.

« Ecoute-moi, Thomas. Nous allons porter ce linge à la Tour, tout de suite. Je devrai galoper pour aller à la rue Saint-Dominique, mais j'arriverai encore à temps.

— Bien, citoyenne. Alors, je prépare le linge pour la Tour ?

— Oui, et nous partons à l'instant. Voyons... Il me faut mon laissez-passer... »

Elle fouilla dans un tiroir, puis dans un autre. Thibaut la regardait chercher, sans inquiétude. Il avait caché le laissez-passer pendant la matinée, profitant d'un moment où il était seul dans la boutique, et il savait que la blanchisseuse ne le trouverait pas.

« Tu ne l'as pas vu, Thomas ?

— Non, citoyenne. »

La jeune femme ouvrit encore d'autres tiroirs, pour les refermer aussitôt. Elle respirait plus vite à présent, et ses gestes étaient brusques. Elle passa dans la cuisine, et revint en secouant la tête. On sentait monter son énervement. Finalement, jetant un coup d'œil à l'horloge, elle secoua la tête avec impatience.

« Tant pis ! Je ne peux quand même pas faire attendre le citoyen Saint-Just... Mais je reviendrai le plus tôt possible, et nous irons ce soir à la Tour. Tu m'attendras, Thomas ? Tu sais que le panier est trop lourd pour moi...

— J'attendrai, citoyenne. »

Elle jeta son manteau sur ses épaules et partit très vite, presque en courant. Thibaut la regarda s'éloigner et s'assit tranquillement dans un coin de la boutique. Une demi-heure plus tard, Serge le rejoignait.

« Tout va bien, lança-t-il en entrant. Je l'ai suivie jusqu'à la Seine, et elle marchait à une allure... A croire qu'elle avait le diable à ses trousses !

— Oui, confirma Thibaut. Elle était dans tous ses états. Pourtant, elle a tort de paniquer : pendant que nous irons dans la Tour, elle sera chez le citoyen Saint-Just. Ça va lui donner un alibi en béton... »

Serge eut un petit rire, et répondit avec l'accent berrichon.

« C'est drrôle, de pousser les gens comme ça. Comme des pions surr un damier. Mais ça n'aurrait pas marrché, au XX^e^ siècle. La citoyenne aurrait téléphoné à Saint-Just, et on lui aurrait dit tout de suite que le papier était faux. C'est quand même une belle époque... »

Thibaut sourit, puis regarda Serge avec attention.

« Ton déguisement n'est pas mauvais, dit-il. Si on ne connaît pas bien la citoyenne Clouet, on peut te confondre avec elle. Mais tu as l'air un peu pâle...

— Ah? fit Serge. Il faut que je mette du rrouge, en plus?

— Non. C'est peu éclairé, dans la Tour. On ne remarquera rien. »

Serge fit quelques pas dans la boutique, en s'approchant de la fenêtre pour regarder au dehors. Rien qu'à le voir marcher ainsi, on comprenait que sa gaieté n'était pas naturelle, et qu'il avait dû se passer quelque chose de grave. Revenant enfin vers son compagnon, il se planta devant lui et dit — sans accent berrichon, cette fois :

« Tu veux savoir pourquoi je suis pâle ? »

Thibaut hocha la tête, intrigué.

« C'est parce que je viens de passer près de l'auberge. J'ai vu six gardes nationaux qui entraient. Et ils ne venaient pas pour boire un verre, tu peux me croire. Ils avaient leurs armes.

— Xolotl était à l'auberge?

— Non. Il était bien convenu qu'aucun de nous trois ne repasserait là-bas. Si Xolotl a fait ce qu'il a promis, il doit nous attendre à quatre heures dans la rue de Bretagne.

— Es-tu sûr que c'est nous qu'on cherchait ? »

Thibaut sentit un frisson lui passer dans le dos comme si la porte de la boutique venait de s'ouvrir pour laisser entrer l'air glacé de la rue. Serge haussa les épaules.

« Je ne peux jurer de rien, dit-il. Mais avec ce qu'on sait de Ferrières, cela me semble plus que probable. »

Une charrette passa dans la rue et, machinalement, les deux garçons tournèrent la tête — mais non, ce n'était pas Xolotl. Serge reprit :

« Voilà. Nous savons que la police nous court après, mais il n'est pas trop tard pour annuler tout. Il n'y a rien qui nous oblige à entrer dans la Tour, et à nous jeter dans la gueule du loup... Qu'est-ce qu'on fait ? On enlève quand même le gosse ? »

Thibaut ne répondit pas tout de suite. Il réfléchissait, les yeux perdus dans le vague. Enfin, il se tourna vers Serge et dit avec fermeté :

« Ecoute-moi bien. Tu as tout organisé. Tu connais tous les détails. C'est à toi de décider. Si j'avais tout mis au point moi-même, je saurais ce qu'il faut faire. Réfléchis, et décide. Moi, je te suivrai. J'ai confiance.»

Serge jeta un coup d'œil à l'horloge. Il ne restait plus que cinq ou six minutes. Pendant un bref instant, des images se bousculèrent en pagaille dans sa tête — les gardes nationaux devant l'auberge, la du Barry qui montait à l'échafaud, le Dauphin dans sa prison, et Xolotl attendant dans la rue de Bretagne... Puis, respirant un bon coup :

«C'est tout réfléchi, dit-il. Ferrières nous a mouchardés, c'est sûr. Mais il n'était pas dans sa chambre quand nous avons discuté les détails importants. Il n'y a personne qui peut savoir que nous serons dans la Tour aujourd'hui. Personne.

— Moralité ?

— On y va. Sans hésiter.»

Au regard que son compagnon lui lança, Serge comprit qu'il avait bien choisi. Alors, d'un coup d'épaule, Thibaut chargea le panier sur son dos, et les deux garçons sortirent de la blanchisserie...

## 10

# Dans la Tour

A quatre heures précises, Serge frappait à la porte de l'enceinte du Temple. Il entendit un bruit de pas de l'autre côté du mur, puis un guichet s'ouvrit.

« Qu'est-ce que c'est ? »

Le jeune garçon montra les deux laissez-passer, sans oublier de prendre l'accent berrichon.

« C'est la citoyenne Clouet, avec son aide Thomas Merrcœurr. Nous venons livrrer le linge de la Tourr. »

Le guichetier examina les papiers, tandis que Serge attendait sans mot dire. Thibaut lui avait expliqué comment les choses allaient se passer, et il savait qu'il fallait rester là, en face du guichet — mais son cœur battait plus vite.

Malgré tous ses efforts, il ne pouvait s'empêcher de penser aux gardes nationaux qu'il avait vus entrer dans l'auberge et, sans bien savoir pourquoi, il était persuadé que Thibaut, lui, n'avait pas peur.

« C'est en règle », dit l'homme.

Il y eut un bruit de verrous. Le guichetier ouvrit la porte pour les faire entrer, puis la referma derrière eux et leur rendit les laissez-passer. Les deux garçons se dirigèrent alors vers la Tour, où ils subirent les contrôles que Thibaut avait décrits à Serge, dix jours plus tôt. D'abord les quatre commissaires au rez-de-chaussée, puis le corps de garde au premier étage.

Alors Serge, qui marchait en tête, commença de monter l'escalier qui menait au second. L'angoisse lui nouait la gorge. A voir autour de lui ces sombres murs six fois centenaires, à respirer l'odeur humide des vieilles pierres, il lui semblait être entré dans la gueule du loup. Il faudrait en sortir, maintenant, et ce serait dur... Sur le palier du second étage, il tendit machinalement son laissez-passer, mais le garde n'y jeta pas même un coup d'œil.

« Tu peux entrer, citoyenne. Je te connais bien, et tu as déjà montré ta carte trois fois ! »

A peine la porte fut-elle ouverte que Serge se trouva face à un homme à trois pas de lui. Le cordonnier Simon — car c'était lui — lisait une gazette révolutionnaire, confortablement installé dans un fauteuil. Le petit roi était assis sur son lit, et la citoyenne Simon devait se trouver dans une autre pièce... C'était exactement la situation que Serge et Thibaut avaient prévue, dans leur plan d'évasion.

« Salut, citoyen! dit Serge. Est-ce que je peux dirre un mot à Marrie-Jeanne ? »

Il n'avait pas oublié l'accent berrichon. Simon leva les yeux pendant un bref instant, et n'esquissa pas même un sourire — visiblement ennuyé qu'on le dérange.

« Ah ? C'est encore toi, avec ton foutu linge... Ouais, ma femme est à côté. Tu peux y aller. »

Serge passa dans la pièce voisine, en glissant une main sous sa robe pour saisir son pistolet à gaz. La citoyenne Simon était occupée à repriser des bas. Elle leva la tête, et son visage s'éclaira.

« Oh ! Bonjour, Madeleine. Je suis contente de te voir... »

Le déguisement était bon, pensa Serge. La citoyenne Simon n'avait aucune méfiance... Le garçon s'approcha d'elle en souriant, comme s'il allait l'embrasser. Puis, à la dernière seconde, il déchargea le pistolet, juste sous son nez. Il y eut un « Pchhhh... » léger, et ce fut tout. La femme s'effondra sans un cri, comme une masse inerte.

Serge la retint dans sa chute et la coucha doucement sur le plancher. Puis il se redressa et respira lentement... Tout s'était passé presque sans bruit et, au premier étage, on n'avait sûrement rien entendu.

Il revint alors dans la première pièce, où le cordonnier Simon continuait à lire tranquillement. Thibaut achevait de vider son panier du linge qu'il contenait. Serge comprit qu'il avait dû attendre que le garde ait refermé la porte et repris sa faction sur le palier... Les deux garçons échangèrent un coup d'œil rapide, puis Thibaut s'approcha de Simon comme s'il voulait lui parler en secret.

« Ecoute-moi, citoyen. J'ai quelque chose de grave à te dire... »

Surpris, Simon releva la tête. On entendit un deuxième « Pchhhh... » L'homme ferma les yeux très vite, lâcha son journal et s'affala dans le fauteuil. Le petit roi, toujours assis sur son lit, avait observé la scène avec un certain étonnement. Le pistolet à gaz était presque invisible quand on le tenait bien, et le jeune garçon n'avait sûrement rien compris à ce qui venait de se passer. Thibaut se redressa, regarda Serge en souriant.

« A toi, maintenant », chuchota-t-il.

Serge entrouvrit la porte, appela le garde à voix basse.

« Viens vite, citoyen ! Simon a eu un malaise, tout à coup. Il s'est évanoui... »

Sans méfiance — on ne se méfie pas d'une femme —, le garde entra dans la pièce et se pencha sur Simon.

« Qu'est-ce qu'il a ? demanda-t-il. C'est drôle. Il n'était pas malade... »

Il n'eut pas le temps d'en dire plus. De nouveau, il y eut un « Pchhhh... » et le garde s'effondra. Thibaut l'empêcha facilement de tomber, pendant que Serge rattrapait son fusil au dernier dixième de seconde, juste avant qu'il ne touche le sol.

« Ouf ! fit Serge, tout bas.

— Ce n'est rien, murmura Thibaut. Coince la porte, et vas-y pour l'opération ficelle.

— Oui. »

Serge ferma la porte, en donnant un demi-tour de clef pour la bloquer sans faire de bruit. Puis il bâillonna rapidement les deux hommes, leur lia les chevilles et les poignets. En même temps, Thibaut débouchait un carafon de vin rouge qui se trouvait sur la table, et remplissait un verre. Puis il sortit une petite boîte de sa poche, y prit le dernier comprimé de somnifère et le mit à fondre dans le vin.

Le petit roi ne bougeait pas. Il avait suivi toute la scène des yeux, sans risquer un seul geste ou un seul mot. Il n'avait pas encore compris ce qui lui arrivait — mais il devinait que les deux personnages qu'il voyait agir ainsi étaient dangereux. Et il avait grand-peur... « Pourvu qu'il ne se mette pas à hurler », pensa Serge. Mais par bonheur, le jeune garçon était trop effrayé pour crier. Thibaut lui tendit le verre.

« Tiens. Bois ça. »

Tout de suite, l'enfant fit signe que non, en secouant la tête — sans un mot. Ses yeux étaient agrandis par la frayeur, et il reculait lentement vers le mur, comme si on voulait l'empoisonner. Thibaut lui mit une main sur l'épaule pour lui faire sentir sa force, et répéta tranquillement :

« Bois ça. Sans rechigner, surtout. »

Personne ne résistait à Thibaut, quand il parlait d'une certaine façon. Subjugué, le jeune garçon saisit le verre et but d'un trait.

« Maintenant, couche-toi sur ton lit. »

Thibaut reprit le verre et le posa sur la table. Puis il passa dans la pièce voisine, bâillonna la femme Simon, lui lia solidement les bras et les jambes. Il revint alors près de Serge, et jeta un coup d'œil au petit roi.

« Tu ne dors pas encore, toi ? »

Le petit garçon était étendu sur le lit, les yeux toujours ouverts, et il regardait Thibaut avec épouvante. Serge, qui avait fini de ligoter les deux hommes, se rapprocha.

« Le somnifère agira bientôt, dit-il. Encore deux ou trois minutes. Il faut attendre. »

Mais le petit roi ne s'endormait pas. Son regard allait sans arrêt du garde national au cordonnier Simon, couchés tous deux sur le sol et bâillonnés — et il tremblait de peur. Serge commençait à perdre patience. Qu'arriverait-il, si l'un des gardes montait au second étage ?... Machinalement, il se frotta les mains l'une contre l'autre, et les trouva tout humides de sueur.

« On ne peut pas descendre s'il ne dort pas, soupira-t-il.

— Evidemment. »

Thibaut s'assit dans le fauteuil de Simon, ramassa le journal et se mit à lire tranquillement. Il était capable de lire sur un volcan... Serge admira son sang-froid. Levant les yeux, il contempla la pièce autour de lui, avec sa lourde voûte et ses murs épais. Il avait l'impression d'être enfermé dans un tombeau, de sentir le poids des pierres sur ses épaules... Et ce gamin qui ne voulait pas s'endormir !

« Tu devrais lire le journal, conseilla Thibaut. C'est amusant comme tout. Vingt guillotinés à Lyon, six à Saumur, cinq à Doué-la-Fontaine... »

Thibaut souriait en parlant ainsi, et Serge comprit à quel jeu macabre il voulait jouer. « Je peux te montrer que j'ai du courage aussi », pensa-t-il. Et il s'assit en face de son compagnon.

« On apprend des tas de choses en lisant les journaux, dit-il gentiment. Et toi, tu sais pourquoi on coupe les cheveux des condamnés ?

— Bien sûr, répondit Thibaut. C'est pour ne pas esquinter le couperet de la guillotine. Ça coûte cher, ces trucs-là. »

Serge sourit à son tour, heureux d'avoir réussi à plaisanter malgré le danger. Juste à ce moment, le petit roi ferma les yeux. Presque aussitôt, il les rouvrit avec un gros soupir et regarda tout autour de lui, comme s'il luttait contre le sommeil. Enfin ses paupières s'abaissèrent à nouveau, et sa respiration changea de rythme.

« Il dort, murmura Thibaut. Allons-y. Tiens le panier. »

Avec des gestes rapides et sûrs, Thibaut plia les bras et les jambes du jeune garçon, à peu près comme ceux d'un nouveau-né, presque en le roulant en boule. Puis il le fit glisser doucement au fond du panier, et entassa du linge sale au-dessus de lui.

« Laisse-le respirer, chuchota Serge.

— Il ne risque rien. L'air passe à travers les mailles. »

Sans effort apparent, Thibaut chargea le panier sur son dos, puis jeta un coup d'œil à Serge.

« On y va ? »

Le plus difficile restait à accomplir : sortir de la Tour sans se faire prendre. Tout allait se jouer dans les quelques minutes à venir. La moindre erreur pouvait tourner à la catastrophe, et les deux garçons le savaient. Serge respira lentement pour calmer les battements de son cœur, puis il ouvrit la porte du second étage et passa sur le palier. Thibaut le suivit, referma la porte, tourna doucement la clef, la retira et la mit en poche. Si on ne retrouvait pas cette clef, cela retarderait d'autant les recherches... Enfin, ils descendirent.

Au premier étage, le lieutenant bavardait avec un soldat, juste à l'entrée du corps de garde.

« Alors, c'est terminé, citoyenne ?

— Oui », dit Serge.

Il voulut montrer son laissez-passer, mais le lieutenant l'arrêta d'un geste.

« Je sais bien que c'est toi, citoyenne. Ce qui m'intéresse, c'est ton panier. »

Thibaut, qui savait ce qu'il fallait faire, tourna le dos. L'officier souleva le couvercle du panier, jeta un coup d'œil à l'intérieur et remua quelques pièces de linge — en les manipulant du bout des doigts, un peu dégoûté. Le soldat brandit sa baïonnette.

« Veux-tu que je pique jusqu'au fond, citoyen lieutenant ?

— Holà ! dit Serge. Qui paierra mon linge, si tu le coupes en petits morrceaux, citoyen ? »

Il avait lancé cette phrase en prenant exactement le ton qu'il fallait — et surtout sans oublier l'accent du Berry. Le soldat écarta sa baïonnette avec un bon gros rire.

« Ça réussit chaque fois... » dit-il, tout heureux de sa plaisanterie.

Le lieutenant s'essuyait les mains, comme s'il pensait déjà à autre chose.

« Tu peux passer, citoyenne », dit-il distraitement.

Au rez-de-chaussée, les quatre commissaires jouaient aux cartes dans un coin de la salle. L'un d'eux se leva quand il vit descendre Serge et Thibaut, et il leur fit signe d'approcher. Les deux garçons lui tendirent leur laissez-passer. L'homme les prit et nota soigneusement l'heure de sortie dans un registre.

« Maintenant, citoyenne, je veux voir ton panier. Vide-le complètement. Il faut que je vérifie que c'est bien du linge que tu transportes... »

Serge sentit des gouttes de sueur perler à son front, mais il parvint à répondre d'une voix normale :

« A votre serrvice, citoyen commissairre. »

Thibaut posa le panier sur le sol et l'ouvrit. Serge retira les pièces de linge une à une, en les agitant un peu pour montrer qu'elles ne cachaient rien. Cette fois, la catastrophe était toute proche... Le commissaire observait tout, sans un geste et sans un mot. A chaque mouvement, Serge sentait la sueur lui couler dans le dos. Il avait la bouche sèche, et la gorge serrée comme par un étau. Désespérément, il chercha quelque chose à tenter, mais sans trouver l'ombre d'une idée. Quand enfin il sentit les cheveux du petit roi sous sa main, il comprit qu'il fallait risquer le tout pour le tout.

« C'est assez comme ça, citoyen commissairre ? »

L'homme se pencha vers le panier, mais il n'eut pas le temps de répondre. Juste à ce moment, un coup assez fort fut frappé à la porte de la Tour. Un garde national entra, tendant un pli cacheté.

« Salut, citoyens ! dit-il en soufflant. J'apporte un message urgent, du Comité de salut public.

— Donne... »

Le commissaire brisa le cachet et se mit à lire. Dès les premières lignes, il fronça les sourcils et prit un air soucieux. Serge et Thibaut restaient cois, sentant bien que leurs vies ne tenaient plus qu'à un fil. Si seulement ce message inattendu pouvait faire oublier le panier de linge... Sa lecture achevée, le commissaire rejoignit les trois autres au fond de la salle, et leur montra le pli.

« Il y a une réponse, citoyen commissaire ? demanda le garde.

— Oui. Nous allons la préparer, et tu la porteras tout de suite. »

Le garde s'assit sur un tabouret bas, près de la porte, pendant que les quatre hommes discutaient à mi-voix autour de la table. Personne ne songeait plus au panier. Le danger s'éloignait... Jetant un coup d'œil à Thibaut, Serge comprit qu'ils ne pouvaient pas s'attarder dans la Tour. Qu'arriverait-il, quand on irait relever la sentinelle du second étage ? Chaque minute qui passait augmentait le danger... A nouveau, il risqua le tout pour le tout.

« Citoyen commissairre ? Qu'est-ce que je dois fairre avec le linge ? »

L'homme se retourna, furieux.

« Nom d'un chien, citoyenne ! Tu nous embêtes, avec ton linge ! On a des choses importantes à discuter, nous autres ! Remballe tout, et fous le camp ! C'est compris ?

— C'est comprris, citoyen commissairre. »

Serge remplit le panier, Thibaut le rechargea sur son dos, et les deux garçons se dirigèrent vers la porte. Toujours assis sur son tabouret, le garde national les regarda tranquillement s'en aller — et il fit un petit signe de tête au moment où ils passaient devant lui, portant le panier qui contenait le roi de France.

Une minute plus tard, le guichetier leur ouvrit la porte de l'enceinte, et ils se retrouvèrent dans la rue de la Corderie...

11

# Fuite dans la nuit

Quand Serge entendit la porte se refermer derrière eux, il eut peine à retenir un cri de joie. Ils avaient réussi à sortir de la Tour, ils étaient libres! Encore trois cents pas, et ils seraient dans la rue de Bretagne! Il dut faire appel à toute sa volonté pour ne pas courir. A son côté Thibaut marchait sans se presser, portant son panier aussi facilement que s'il était vide.

« Surtout, ne te retourne pas! chuchota-t-il.

— D'accord, répondit Serge sur le même ton. Oh! là! là! quelle trouille... Je n'ai plus un poil de sec.

— Chhh'ttt! N'en dis pas trop. »

La voiture attendait à l'endroit convenu. C'était une charrette bâchée, à deux roues, d'apparence assez pauvre, attelée d'un percheron qui semblait vigoureux. Xolotl était assis sur le siège, les rênes en main, prêt à partir — et pour lui, la demi-heure qui venait de s'écouler avait été la plus longue de sa vie... En quelques gestes rapides, Thibaut coucha le panier dans la charrette. Puis il s'assit à côté de Xolotl pendant que Serge se glissait sous la bâche, et le cheval se mit en route.

«Tes vêtements sont à droite», chuchota Xolotl, avec un geste du menton.

Serge vérifia que la bâche était bien fermée, et se déshabilla le plus rapidement qu'il le put, pendant que le cheval les menait vers la Villette, au petit trot. Avec les cahots, ce n'était pas chose aisée... Heureusement, Xolotl avait installé une bonne couche de paille dans le fond de la voiture. Serge retrouva son apparence normale en quelques minutes — avec un vrai soulagement. Alors, seulement, il ouvrit le panier, en retira pêle-mêle le linge sale, puis le petit roi, profondément endormi.

«Il vit toujours?» demanda Thibaut, à mi-voix.

Serge écarta les vêtements, posa une oreille sur la poitrine de l'enfant et se redressa, rassuré.

«Tout va bien, dit-il. Je vais le changer.»

Il déshabilla rapidement le jeune garçon, qui s'agitait sans s'éveiller tout à fait — remuant les bras et les jambes au petit bonheur, comme s'il cherchait à gêner les mouvements de Serge. Thibaut se retourna au moment où le gamin était à peu près nu, et l'observa d'un œil critique.

« Plutôt maigrichon... » murmura-t-il.

Occupé à chercher les vêtements que Xolotl avait achetés la veille pour l'enfant, Serge ne répondit pas. Il finit par les trouver et commença l'habillage, qui se révéla plus difficile encore. Le petit roi, toujours à moitié endormi, semblait prendre un malin plaisir à compliquer les choses.

« J'irais bien t'aider, dit Thibaut. Mais il vaut mieux que je reste assis devant, pour qu'on ne voie pas ce qui se passe à l'intérieur.

— Zut ! grommela Serge. Il fait presque noir, on ne verra rien. Viens plutôt me donner un coup de main, ou je vais devenir enragé. »

Thibaut obéit et tout se passa bien.

« Où on est, maintenant ? demanda Serge, plutôt rassuré.

— Près de la barrière de la Villette, répondit Xolotl. On y sera dans dix minutes, pour le contrôle des passeports.

— Bon, dit Serge. Avant ça, débrouille-toi pour trouver une rue tranquille, n'importe où.

On abandonnera tout ce qui peut nous compromettre. »

A cent cinquante pas de là, Xolotl s'engagea dans une rue latérale, et fit arrêter le cheval à bonne distance du carrefour. Serge avait fourré dans le panier la perruque et tous les vêtements inutiles. Il écarta doucement la bâche, à l'arrière, et passa la tête au-dehors.

« Ça ira... » murmura-t-il.

La rue était déserte. Serge sortit sans bruit de la charrette et déposa le panier sous un porche. Juste à cet instant, la porte de la maison d'en face s'ouvrit et un gros homme apparut.

« Qu'est-ce que tu fais là, mon gars ?

— Je rapporte du linge qu'on avait donné à laver, expliqua Serge. Il n'y a rien à payer.

— Ah ? Bon... » dit l'homme avec un regard soupçonneux.

Serge remonta dans la charrette sans demander son reste, et Xolotl fouetta le cheval. Le gros homme les regarda s'éloigner en secouant la tête, comme s'il regrettait de ne pas avoir posé d'autres questions. Puis il haussa les épaules et rentra chez lui, au moment où la voiture arrivait au carrefour. Alors Thibaut se retourna à demi vers Serge.

« Tu crois qu'on nous laissera passer ? murmura-t-il.

— Bien sûr. Ne parle pas de malheur, surtout ! »

A présent, Serge ne semblait plus s'inquiéter du danger. Il s'était rencogné dans le fond de la voiture, tenant le petit roi sur ses genoux, et il regardait au-dehors assez distraitement — en songeant que l'aventure touchait à sa fin, et qu'il ne verrait plus jamais le Paris de l'an II. Quelques minutes plus tard, ils arrivaient à la barrière de la Villette.

C'était entre chien et loup, et on apercevait de la lumière à l'intérieur du poste de contrôle. Xolotl arrêta le cheval devant la barrière, et un garde national s'approcha, portant une lanterne sourde. Déjà, Thibaut avait rassemblé les passeports, sans oublier celui que Serge avait fabriqué la veille pour le petit roi. Le garde jeta un coup d'œil rapide sur le passeport de Thibaut, et le rendit tout de suite. Puis il prit celui de Xolotl et le lut en détail.

« Manech Arnéguy, c'est toi ?

— Oui.

— Tu es basque ?

— Oui. Né à Saint-Jean-de-Luz, le 11 juin 1777. »

L'homme approcha sa lanterne du visage de Xolotl, pour vérifier si le signalement correspondait à la réalité. A ce moment, Serge s'aperçut, juste à temps, qu'il avait oublié d'enlever l'alliance qui complétait son déguisement. S'accablant d'injures, il cacha vivement sa main. Puis, sans attirer l'attention, il fit glisser la bague de son doigt et la laissa tomber dans la paille.

« Sacristoche ! dit le garde. Pourquoi ta peau est-elle café au lait ? »

Xolotl, qui commençait à s'habituer à cette question, donna la même réponse qu'à la citoyenne Brécourt, mot pour mot. L'homme lui rendit ses papiers sans rien demander d'autre. Puis il examina les deux passeports qui lui restaient en main.

« Sylvain Fromont et Jean-Marie Fromont... Deux frères. Où sont-ils, ceux-là ? »

Thibaut écarta un peu la bâche, et le garde avança sa lanterne. Assis sur la paille, Serge tenait le petit roi, toujours blotti sur ses genoux et dormant à poings fermés.

« Chhh'ttt, fit Serge. Il dort. Ne le réveille pas, s'il te plaît, citoyen... Pour une fois qu'on a la paix ! »

Sans un mot, le garde promena sa lanterne sourde à l'intérieur de la charrette, puis il revint aux deux passeports et haussa les épaules.

« Le gamin n'a même pas neuf ans, murmura-t-il. On ne t'a pas dit qu'il ne fallait pas de passeport, à cet âge-là ?

— Ah?... Non, citoyen, on ne m'a rien dit. »

L'homme rendit les deux passeports à Serge.

« Ça va, fit-il. Vous pouvez continuer. »

Il ouvrit la barrière et la charrette passa. Ecartant un peu la bâche, à l'arrière, Serge contempla le poste de contrôle, dont ils s'éloignaient peu à peu. Curieusement, sa peur était revenue pendant que le garde contrôlait les passeports, et son cœur battait à nouveau très vite.

« Ouf! soupira-t-il. C'est maintenant que je commence à respirer. Ils n'ont pas encore donné l'alerte.

— Sans doute, dit Thibaut. Mais ils ont sûrement tout découvert, en allant relever la sentinelle du second étage. A l'heure qu'il est, ça doit chauffer drôlement, là-bas. D'une minute à l'autre, ils vont envoyer des gardes à cheval pour bloquer les sorties de Paris... Et aussi pour patrouiller sur les grand-routes.

— Bon, dit Xolotl. Alors, il faut rouler plus sec, pour faire plus de chemin tant qu'on voit clair, et...

— Laisse-moi conduire! coupa Thibaut. J'ai l'habitude des chevaux. J'irai plus vite que toi. »

Docilement, Xolotl lui passa les rênes et, tout de suite, l'allure s'accéléra. Ils roulèrent pendant quelques minutes en silence, puis Thibaut se tourna vers Serge :

« Il dort toujours ?

— Tu parles ! répondit Serge. Avec la dose de somnifère qu'il a dans le ventre, il va dormir toute la nuit. On ne risque rien, de ce côté-là. »

Il réfléchit quelques secondes, en se mordant les lèvres.

« Mais on aura des problèmes, quand il s'éveillera ! Il faudra lui expliquer qu'il a changé de nom, et le secouer sérieusement pour qu'il comprenne bien... La première chose à faire, ce sera de ne plus nous appeler par nos vrais noms quand il sera réveillé. Sinon, il va sûrement gaffer.

— D'accord, approuva Thibaut. C'est plus prudent... Tout de même, ce gosse ! J'ai du mal à croire qu'il descend de... De combien de rois, au fait ?

— Trente-trois, précisa Serge. Si on commence à compter à Hugues Capet, celui-ci est le trente-quatrième.

— Trente-trois rois ! répéta Thibaut, d'un air rêveur. Eh bien ! Il n'a vraiment pas l'air de ça. Même avec sa couronne sur la tête, on ne le prendrait pas pour un roi... Ce n'est pas étonnant que le garde n'ait rien soupçonné, à la barrière de la Villette... »

Ils continuèrent à rouler jusqu'à l'obscurité complète. Les étoiles brillaient dans le ciel, au-dessus d'eux, mais la lune n'était pas encore levée — et bientôt le cheval refusa tout à fait d'avancer.

« Nous serons bloqués pendant deux ou trois heures, soupira Thibaut. Il n'y a rien à faire, si le canasson n'en veut plus.

— Pas question, dit Serge. On ne peut pas se laisser coincer comme ça. Quand les autres nous poursuivront, au petit matin, ils auront des chevaux rapides et ils galoperont, tu peux me croire. »

Thibaut haussa les épaules.

« Qu'est-ce qu'on peut faire ? dit-il.

— Toi, tu resteras dans la charrette pour surveiller le petit. Moi, je vais descendre avec Xolotl. Nous allons marcher sur la route, chacun d'un côté du cheval, en tenant les rênes tout près du mors, pour qu'il sente qu'on est près de lui... Ainsi, il voudra bien avancer, et nous ferons du chemin. Si la lune se lève dans trois heures, nous aurons marché deux ou trois lieues. Ce sera toujours ça de gagné. »

L'idée de Serge était bonne. Le cheval, guidé des deux côtés, encouragé par de bonnes paroles, ne refusa plus d'avancer... Un peu après Gonesse, la lune se leva et éclaira parfaitement la route.

« Tout va bien ! s'écria Serge joyeusement. Maintenant, on remonte en voiture. Thibaut prend les rênes, et on fonce... »

12

# Dans la forêt

Vers minuit, Thibaut sentit que le cheval était fourbu. Il le laissa souffler un peu et lui donna sa ration d'avoine. Serge et Xolotl dormaient tranquillement sous la bâche, couchés dans la paille avec le petit roi. Thibaut resta d'abord debout, près de la charrette, à surveiller le cheval qui mangeait. Puis il se demanda où il pourrait trouver de l'eau pour lui donner à boire, et fit quelques pas pour se dérouiller les jambes.

La nuit était froide et calme. Pas un souffle de vent, pas un nuage dans le ciel. Le silence était total. S'il y avait eu des cavaliers dans la campagne, on les aurait entendus de très loin... Comme Thibaut revenait vers la charrette, il vit apparaître une tignasse blonde : c'était Serge qui s'était réveillé et venait prendre le frais. Il enjamba le siège et descendit sur la route, tout couvert de brins de paille.

« J'ai dormi, dit-il d'une voix pâteuse. Où est-on ?

— A deux lieues au sud de Senlis. Le cheval était fatigué. Je l'ai fait manger un peu.

— Quand pourra-t-on repartir ?

— Je ne sais pas, répondit Thibaut en haussant les épaules. La charrette n'est pas facile à tirer. Avec nous trois plus le gosse, ça ne fait pas loin de cinq cents livres. En plus, le cheval est moins costaud que je ne le croyais. Il se remet mal de sa fatigue, et je... »

Il s'interrompit. Dans un froissement d'ailes, un gros hibou s'était approché et volait lentement au-dessus d'eux, sous la lune. Il fit deux ou trois tours, comme s'il cherchait à se poser quelque part, puis il s'éloigna, d'un vol lourd et résigné.

« Et alors ? demanda Serge.

— Alors, il ne tiendra jamais jusqu'à la forêt d'Halatte. Il a besoin de dormir. Au moins deux ou trois heures. »

Serge contempla pensivement le ciel au-dessus de sa tête. Les étoiles brillaient d'un éclat métallique dans l'air froid, et il songea qu'il n'avait jamais vu de nuit plus belle — il était difficile de croire au danger, dans une nuit si calme.

« Ça n'ira pas, dit-il enfin. Si nous laissons dormir le cheval, nous allons traverser Senlis en plein jour. N'importe qui pourra nous suivre, quand nous entrerons dans la forêt. Ce ne sera plus une fuite, ce sera un suicide.

— Et s'il ne dort pas, il va crever. C'est tout simple. »

Les deux garçons se turent. Autour d'eux, c'était toujours le même silence extraordinaire dans la campagne. Le hibou s'était posé quelque part, très loin.

« Ecoute-moi, dit Serge tout à coup. Il faut nous séparer. Xo et moi, nous allons nous charger du gamin. Il n'est pas lourd, et nous le porterons sur le dos, chacun à son tour. Nous serons dans la forêt avant l'aube, et personne ne pourra nous suivre.

— D'accord. Et moi ?

— Toi, tu vas cacher la voiture dans un chemin creux, et tu laisseras dormir le canasson jusqu'au matin. Puis tu partiras vers Senlis, et tu prendras la route de Compiègne. Plus loin tu iras, mieux ça vaudra.

— Compris. Et après ?

— Après, tu vendras le cheval et la voiture. Et tu nous rejoindras dans la forêt d'Halatte... Ainsi, s'ils font une enquête plus tard, et s'ils retrouvent la charrette et le canasson, ils nous chercheront du côté de Compiègne. Ils n'imagineront jamais que nous sommes si près de Paris... Qu'en penses-tu ?

— Parfait, dit Thibaut.

— Alors je réveille Xolotl, et on part tout de suite. »

*

* *

A cinq heures du matin, Serge et Xolotl étaient dans la forêt d'Halatte. Après avoir quitté Thibaut, ils avaient marché presque sans arrêt — portant le petit roi à tour de rôle, sans trop souffrir de la fatigue. Eclairés par la lune, ils n'eurent aucune peine à repérer la clairière où ils avaient caché leur matériel, le matin de leur arrivée.

« Ça va bien, dit Serge. Tout est toujours là. »

Ils se trouvaient dans la région la plus déserte de la forêt, dans une petite vallée naturelle que des replis de terrain rendaient presque invisible. L'endroit avait été choisi avec beaucoup de soin, à l'abri des curieux. L'équipement qu'ils avaient caché là était au complet, bien protégé de l'humidité par trois sacs imperméables.

Serge, qui portait à ce moment le petit roi, le coucha sur le sol au pied d'un arbre. Le jeune garçon dormait toujours, d'un sommeil lourd et profond. Serge le secoua, le chatouilla, lui pinça les joues pour l'éveiller — sans aucun résultat. Un peu inquiet, il glissa la main sous ses vêtements pour sentir la température du corps, et fit la grimace.

« Il crève de froid, murmura-t-il. C'est grave. Il faut le réchauffer tout de suite... Tu pourrais préparer du café, Xo ? Très chaud. Fais-en pour nous trois !

— Tout de suite », dit Xolotl.

Ouvrant un des sacs, il en sortit une bonbonne de propane et un réchaud de camping qu'il monta rapidement. Puis il mit de l'eau à bouillir. Les oiseaux commençaient à chanter autour d'eux, et le jour se levait lentement, noyant la forêt d'une lumière triste et grise, sans ombres et sans couleurs. Serge fouilla dans un autre sac, où il dénicha un gant de crin. Aussitôt, il entreprit de frictionner le torse du jeune garçon sous ses vêtements, en le découvrant le moins possible.

« Hé ! Ne lui arrache pas la peau ! » chuchota Xolotl.

Bientôt, le petit roi ouvrit les yeux, mais il les referma très vite, comme s'il supportait mal la clarté de l'aube. Il gémit doucement et porta les mains à sa poitrine, pour écarter le gant de crin qui lui faisait mal. Aussitôt, Serge arrêta ses frictions et reboutonna les vêtements. A présent, le jeune garçon respirait un peu plus vite, et ses yeux étaient grands ouverts.

« Tu n'as plus froid ? » demanda Serge.

Pas de réponse. Le petit roi venait de se dresser sur un coude et regardait autour de lui d'un air égaré. Serge ne s'en inquiéta pas outre mesure. Il imaginait sans peine l'étonnement de l'enfant — encore abruti par le somnifère, et s'éveillant au petit jour, en pleine forêt, entre deux inconnus. N'importe qui, à sa place, aurait été perturbé.

« Nous t'avons sorti de la Tour hier, expliqua Serge. Rappelle-toi. C'était moi, la citoyenne avec le linge. Tu ne me reconnais pas ? »

Le jeune garçon fit signe que non, en secouant la tête, sans dire un mot. Il regardait dans le vague à présent, comme s'il allait se rendormir tout d'un coup.

« Il ne peut pas te reconnaître, murmura Xolotl. Il fait encore trop sombre. Et là-bas, il ne t'a pas vu assez longtemps. Il ne comprend rien du tout, c'est clair. »

Juste à ce moment, l'eau se mit à chanter. Xolotl éteignit le réchaud, ajouta une bonne dose de café soluble, et mélangea. Serge, de son côté, sortit de son sac un petit flacon de rhum et en versa un peu dans le café.

« Dans le Nord, ça s'appelle une bistouille ! dit-il. Ça va lui donner un coup de fouet. »

Il tendit le gobelet au petit roi.

« Tiens, bois ! Ça va te réchauffer tout de suite. Mais bois très lentement, parce que c'est brûlant. »

Le gamin hésita pendant quelques secondes, avant d'accepter le gobelet. Puis il le flaira prudemment. Sans doute alléché par l'odeur du rhum, il approcha ses lèvres et goûta.

« C'est bon ? » demanda Xolotl.

Le jeune garçon fit signe que oui. Rassurés, Serge et Xolotl s'assirent par terre en face de lui, et burent à leur tour sans le quitter des yeux. Peu à peu, la méfiance du gamin disparut, en même temps qu'une bonne couleur rose lui venait aux joues.

« Maintenant, écoute-moi bien ! dit Serge. Moi, je m'appelle Sylvain. Et lui — il montra Xolotl — c'est Manech. Tu as compris ?

— Oui. »

C'était le premier mot qu'il prononçait depuis son réveil — la première fois que les deux garçons l'entendaient parler.

« Et toi, tu t'appelles Jean-Marie, poursuivit Serge.

— Non. Je m'appelle Charles Capet. »

La réponse n'avait rien de surprenant et Serge s'y attendait.

« Oui, dit-il gentiment. Tu t'appelais Charles Capet quand tu habitais dans la Tour. Maintenant, c'est terminé, tout ça. A présent, tu t'appelles Jean-Marie. D'accord ?»

Le gamin secoua la tête, de gauche à droite.

«Ecoute-moi, dit Serge. C'est fini, tu n'es plus en prison. Tu es libre, maintenant! Pour toujours. En même temps, on a changé ton nom. Tu t'appelles Jean-Marie. C'est compris, cette fois ?»

Sans pour autant perdre son calme, Serge avait parlé avec plus d'énergie, et ses poings s'étaient serrés, d'instinct. Aussitôt, l'expression du petit roi changea. Sans doute avait-il reçu de solides corrections dans la Tour, et ces deux poings fermés devaient lui rappeler de tristes souvenirs. Il esquissa un mouvement de défense apeurée.

«J'ai compris, dit-il. Ne frappe pas! Je m'appelle Jean-Marie.

— Tu ne l'oublieras pas ?

— Non. Je m'appelle Jean-Marie.

— Bon. Et moi ? demanda Serge.

— Toi, tu t'appelles Sylvain.

— Et je suis ton grand frère. Répète ça, Jean-Marie.

— Tu es mon grand frère.

— Bien. Et lui ? demanda Serge, en montrant Xolotl.

— Lui, c'est Manech.»

Satisfait, Serge se releva.

« C'est très bien, Jean-Marie. Tout ira bien, mais n'oublie jamais ça, surtout.

— Je n'oublierai pas », promit le gamin.

Serge se tourna vers Xolotl.

« On va s'installer, maintenant. »

Leurs tentes étaient des canadiennes à deux places, compactes et basses — deux petites tentes solides, qui gardaient longtemps la chaleur et tenaient bien au vent. Ils avaient aussi emporté des duvets de montagne, les plus chauds qu'ils avaient pu trouver.

« Avec ça, on tiendra le coup ! annonça Xolotl. Même s'il gèle à moins quinze.

— Oui, Manech, dit Serge. Moi, ce n'est pas tellement le froid qui me fait peur, c'est la neige. S'il neige et que ça ne fonde pas, n'importe qui pourra suivre toutes nos allées et venues dans la forêt. Autant te dire que ça ne m'emballe pas. »

Un peu plus tard, quand tout fut installé, Serge eut un sourire heureux.

« Content ? demanda Xolotl.

— Et comment ! répondit Serge. Tout de même, je... »

Il s'interrompit, jetant un coup d'œil rapide à Jean-Marie. Mieux valait ne pas trop parler devant lui. Prudemment, il continua sa phrase en espagnol.

« Tout de même, nous avons réussi un coup fumant. Kidnapper le roi de France, lui payer des vacances en camping, avec un équipement grand confort de la fin du XX^e^ siècle... C'est le seul roi légitime, et nous le promenons avec nous, en pleine Révolution, comme si c'était le gosse des voisins! Et pendant ce temps-là, le Comité de salut public s'affole à Paris. Moi, je trouve ça tordant...

— Mmmmm », fit Xolotl.

Serge regarda autour de lui, vérifiant pour la dixième ou la douzième fois, que les tentes étaient bien camouflées.

« Ça va même trop bien, dit-il, tout à coup soucieux. Ça ne peut pas durer, cette chance-là! Il va nous tomber une tuile sur la tête.

— Moi, murmura Xolotl, j'ai peur qu'on n'arrive pas à le cacher quelque part. C'est déjà le 25, aujourd'hui. Qu'est-ce qu'on fera, le 30 à minuit, si on n'a rien trouvé?

— Juste! C'est là, le vrai danger... Et je perds du temps à rêver, alors que je devrais déjà chercher. »

Il prit une carte, et l'examina soigneusement.

« Je file à Villers-Saint-Frambourg.

— Si tu veux. N'oublie pas de rapporter à manger, pendant que tu y es. »

*

* *

En entrant à Villers-Saint-Frambourg, deux heures plus tard, Serge se sentit mal à l'aise, les entrailles mordues par une angoisse sourde. Il avait beau se raisonner, il lui semblait que chacun était au courant de tout dans le village, qu'on cherchait des coupables et que tout le monde allait le montrer du doigt.

Prenant sur lui, il entra pourtant dans l'auberge et s'efforça de parler aux gens.

« D'où viens-tu, mon gars ? » lui demanda très vite un paysan.

Serge fournit la réponse qu'il avait préparée, et qui devait éloigner tout soupçon. L'homme n'insista pas, et les conversations continuèrent dans l'auberge. En quelques minutes, Serge comprit que personne, à Villers-Saint-Frambourg, n'avait entendu parler de l'évasion du petit roi.

« Bizarre ! songea-t-il. On n'est qu'à dix lieues de Paris... Comment se peut-il qu'on ne sache encore rien ici ? »

Pourtant, il y avait un malaise, il s'en rendait bien compte. Le village était nettement républicain, et tout le monde semblait méfiant. Serge conclut bien vite qu'il n'avait aucun espoir de trouver un refuge pour Jean-Marie. Un peu désemparé, il sortit de l'auberge, acheta des provisions et reprit le chemin de la forêt, en faisant un long détour.

Au moment où il arrivait près du camp, Xolotl sortait justement d'une des tentes. Serge, qui le connaissait bien, comprit tout de suite que quelque chose n'allait pas.

« Un problème, Manech ?

— Oui. Thomas n'est pas rentré. »

## 13

# Où est Thibaut ?

Serge dormit fort mal, cette nuit-là.

Pour mieux surveiller Jean-Marie, Xolotl et lui l'avaient couché entre eux dans une des tentes. Ce n'était pas une bonne solution, car le jeune garçon, pour qui le café de la veille était beaucoup trop fort, avait passé son temps à remuer pendant la nuit... Sans cesse réveillé en sursaut, Serge tendait l'oreille, espérant toujours entendre Thibaut qui rentrait. Hélas! Rien. Et après cela, il était bien difficile de se rendormir.

Au point du jour, incapable d'attendre davantage, Serge se glissa dehors. A pas de loup, il alla jusqu'à l'autre tente et l'ouvrit. Elle était vide... Il resta d'abord immobile, ne sachant quel parti prendre. Puis il fit quelques pas dans la clairière et réfléchit. Xolotl le rejoignit peu après.

« Il n'est pas revenu, chuchota Serge.

— Oui. J'ai vu.

— Nous aurions dû rester ensemble, Xo. J'ai eu tort de l'envoyer à Compiègne. »

Serge, pour le coup, était vraiment inquiet. Sans qu'il sût pourquoi, la forêt lui semblait tout à coup hostile. Il avait l'impression que des gardes nationaux allaient surgir autour d'eux, d'une minute à l'autre. Xolotl s'efforça de le rassurer.

« Il a voulu conduire la charrette et le cheval le plus loin possible. Et bien sûr, il a dû faire un détour pour revenir. Tout ça prend du temps, tu penses...

— C'est vrai, admit Serge. Il a dû faire comme ça. Mais de nous tous, c'est lui qui court le plus grand danger. Il est entré deux fois dans la Tour, et il n'était pas déguisé. On a son signalement, quelque part. Si jamais quelqu'un le reconnaît... »

Il n'acheva pas sa phrase.

« Tu crois que l'alerte est donnée ? demanda Xolotl.

— Bien sûr ! Il s'est écoulé près de quarante heures, depuis l'évasion... Ils n'ont sûrement pas perdu leur temps. Le plus urgent, pour eux, c'était de fermer toutes les barrières de Paris, et de renforcer les contrôles. Ils ont dû le faire avant-hier... »

Au loin, un merle chanta, puis un autre. Serge frissonna et, machinalement, regarda tout autour de lui.

« Tout de même! murmura-t-il. Hier, à Villers-Saint-Frambourg, les gens n'étaient au courant de rien. C'est quand même drôle, ça... »

Il se mit à marcher de long en large dans la clairière, en donnant des coups de pied dans l'herbe, au hasard. C'était sa façon d'apaiser un peu sa nervosité.

« Hier, ils ont sans doute fouillé Paris, reprit-il, et ils ont envoyé des cavaliers sur les routes. Pour essayer de nous rattraper, bien sûr, mais aussi pour donner l'alerte dans les villes principales. Compiègne, par exemple... Bon sang! Je n'aurais jamais dû envoyer Thibaut là-bas. »

Serge se tut. Il imaginait Thibaut reconnu, arrêté... Où était-il, en ce moment? Comment pourraient-ils l'aider?

« Il ne faut pas t'affoler, dit Xolotl d'un ton apaisant. Il est solide et méfiant, Thibaut! Il n'est pas tombé de la dernière pluie, et il a toujours de la chance. Tu vas voir, il s'en tirera comme un chef. On va le voir arriver ce soir, c'est sûr.

— C'est vrai qu'il a de la chance, murmura Serge. Mais ça ne dure pas toujours, la chance... »

Il regardait fixement le sol, l'air absent. Puis, se reprenant soudain :

« Ça ne sert à rien de s'en faire, conclut-il. Il faut que je continue à chercher une famille pour le gamin. J'irai voir à Creil, aujourd'hui. »

*

* *

A Creil, Serge trouva très vite une auberge, près de l'église Saint-Médard. Il y entra sans hésiter. L'aubergiste était un gros homme paisible, aux joues bien rouges, et Serge estima qu'il n'y avait pas grand risque à lui poser deux ou trois questions.

« Sommes-nous loin de Paris, citoyen ?

— On est à douze lieues, mon gars. C'est là que tu vas ?

— Oui, citoyen. Pour m'engager, si on veut bien de moi.

— As-tu dix-huit ans ?

— Pas tout à fait. »

L'homme regarda Serge avec bienveillance.

« Peut-être qu'ils te prendront quand même, dit-il. C'est très bien, ce que tu fais là. La République a besoin de soldats... Tiens, je t'offre un verre. C'est ma tournée. »

Serge réfléchissait. Etait-il possible que la nouvelle de l'évasion du petit roi n'ait même pas parcouru douze lieues en quarante heures ?

« Qu'est-ce qui se passe, à Paris ? demanda-t-il.

— Hé ! dit l'homme, étonné. Que veux-tu qu'il se passe là-bas ? Chaque jour est pareil à l'autre. »

A présent, aucun doute n'était plus possible : la nouvelle de l'évasion n'avait pas encore atteint Creil. Serge n'insista pas. Après avoir pris congé de l'aubergiste, il flâna dans les rues — tout comme il l'avait fait la veille. Un instant, il crut qu'il allait trouver ce qu'il cherchait. Les gens paraissaient plus détendus, moins méfiants qu'à Villers-Saint-Frambourg...

Puis le courage lui manqua tout à coup, et il abandonna. Il était vraiment trop inquiet pour Thibaut, et il se sentait incapable de chercher plus longtemps. Rapidement, il acheta un pain, un gros lapin et une bouteille de vin, puis il reprit le chemin de la forêt, en faisant, comme la veille, un long détour.

*
* *

En arrivant dans la clairière, vers trois heures de l'après-midi, Serge aperçut Xolotl et pressa le pas. Mais du plus loin qu'il le vit, le jeune Indien lui fit signe que Thibaut n'était pas rentré.

« J'ai eu un coup de cafard, expliqua Serge quand il eut rejoint son ami. Je ne pensais plus qu'à Thibaut, et je ne faisais rien de bon. Il fallait que je revienne, j'espérais le trouver ici...

— Ne t'en fais pas ! le rassura Xolotl. Celui qui prendra Thibaut n'est pas encore né. Il est assez malin, et assez costaud pour passer à travers tout. »

Serge fit une grimace assez peu convaincue.

« Et Jean-Marie ? chuchota-t-il. Où est-il ?

— Là, dit Xolotl, en montrant une des tentes. Il reste couché presque tout le temps. Parfois, il se lève un peu pour jouer avec la fermeture Eclair. C'est tout ce qui l'intéresse... Le reste du temps, il se planque dans son duvet, et on ne voit que le bout de son nez.

— Il est malade ?

— Non. Mais il a dû s'habituer à ne pas remuer, pendant qu'il était en prison. Et il n'a pas l'habitude du froid. Alors, il aime mieux rester peinard.

— Et il ne s'ennuie pas, comme ça ?

— Il n'en a pas l'air. »

Serge réfléchissait. C'était un bon point, se dit-il. Le petit roi devait être tout à fait désemparé. Il accepterait sûrement n'importe quoi, plutôt que de rester seul...

« Il n'essaiera pas de filer, murmura Serge.

— Pas de danger ! Il a trop peur. »

*

* *

Thibaut reparut au coucher du soleil, chargé de provisions, et aussi heureux de son voyage qu'un collégien en vacances.

« Tu n'as pas eu d'ennuis ? demanda Serge.

— Des ennuis ? Pourquoi ? Tout a baigné dans l'huile, d'un bout à l'autre. J'ai dépassé Compiègne, et j'ai pris la route de Reims. J'ai vendu le cheval et la charrette à deux lieues de Soissons. Après ça, j'ai coupé à travers champs jusqu'à Villers-Cotterets...

— Et puis ?

— J'ai passé la nuit dans une ferme, et je suis reparti ce matin. C'est tout. »

A chaque réponse de Thibaut, Serge semblait toujours plus surpris, comme s'il s'attendait vraiment au pire.

« Pas de mauvaises rencontres ? insista-t-il. Pas de contrôles ?

— Mais non ! répliqua Thibaut en secouant la tête. Les gens ne sont au courant de rien, nulle part. On n'a pas encore donné l'alerte. Ni à Compiègne, ni ailleurs.

— C'est vrai, dit Serge. Aujourd'hui, à Creil, les gens ne savaient rien non plus. Tout le monde a l'air de croire qu'il est toujours dans la Tour. Pourquoi n'en parle-t-on pas ? C'est quand même bizarre... »

Quelques minutes se passèrent, pendant que Xolotl achevait de rôtir le lapin. Thibaut raconta encore deux ou trois détails de son équipée, puis il demanda tout à coup :

« Et le gamin ? Où est-il ?

— Dans une des tentes, répondit Xolotl. C'est le moment de l'appeler. Le lapin est juste à point. »

Serge appela, et quelque chose remua vaguement sous la tente. Puis la fermeture éclair s'ouvrit en plusieurs fois, tirée par une main maladroite, et le petit roi sortit. Il essaya de refermer la tente, mais ses gestes n'étaient pas sûrs et il n'y parvint pas — on voyait trembler ses mains.

« Laisse ça, et viens manger », conseilla Serge.

Jean-Marie obéit et prit place dans le groupe. En découvrant Thibaut, il eut un mouvement de surprise.

« Celui-là, c'est Thomas », expliqua Serge.

Le gamin répéta : « Thomas ! », en éclatant de rire sans motif. Serge le regarda, fort surpris, car c'était la première fois qu'il le voyait si joyeux. Puis il se pencha vers lui pour flairer son haleine.

« Mais, tu sens le vin, toi ! »

Xolotl se leva rapidement, plongea dans la tente à quatre pattes, et en sortit aussitôt avec une bouteille vide.

« Il a sifflé tout ça, dit-il.

— Noooooon ? s'écria Serge. Tu parles d'un petit ivrogne... Est-ce que tu buvais autant, chez le citoyen Simon ?

— Oui », répondit Jean-Marie, en riant de bon cœur.

Les trois autres se regardèrent pendant quelques secondes, assez indécis. Puis Serge prit la situation en main.

« Bon, dit-il. Ce qui est fait est fait. Heureusement, nous avons la bouteille que Thomas a rapportée, et nous boirons celle-là. Ce n'est pas compliqué... Mais toi, petit poivrot, tu n'en auras plus une seule goutte. Et tu vas manger tout de suite, ça te dessoûlera ! »

Xolotl lui donna une cuisse du lapin, et l'enfant se mit à manger. Au bout de quelque temps, il se calma un peu et Serge l'interrogea :

« Alors, il te donnait à boire, le citoyen Simon ?

— Pas lui, la citoyenne..., précisa Jean-Marie.

— C'est la même chose, dit Serge. Tu buvais beaucoup ?

— Tant que je voulais, et tout le monde trinquait avec moi. »

Visiblement, le gamin était heureux qu'on le fasse parler. Il mangeait avec appétit, riait franchement et répondait aux questions sans se faire prier.

« Qui ça, tout le monde ? demanda Serge.

— Eh bien ! Les commissaires, les gardes nationaux, Simon, le citoyen lieutenant... Quand ils avaient tous trinqué avec moi, je grimpais sur la table et Simon me faisait chanter. »

Xolotl et Thibaut s'étaient arrêtés de manger, et Serge imaginait cette scène étonnante... Dans une des salles de la sinistre tour du Temple, le dernier roi de France chantait la *Carmagnole* ou la *Marseillaise,* debout sur une table, au milieu des verres sales, pour amuser les gardes nationaux...

« Et après ? murmura Serge.

— Après, tout le monde riait, et Simon me disait : "Tu as bien chanté, Charlot !" Alors il me tapait sur l'épaule, et il me donnait encore à boire... »

Les trois amis se regardaient, sidérés. Le petit roi semblait avoir oublié complètement sa vie d'autrefois — son enfance à Versailles, la fuite de Varennes et la triste fin de ses parents. C'était comme si on avait gommé, d'un seul coup, tout un pan de son passé...

14

# Il neige...

En sortant de leur tente, le lendemain à l'aube, Serge et Xolotl trouvèrent la forêt recouverte d'un épais manteau de neige.

« Zut ! bougonna Serge. Il ne manquait plus que ça.

— Il y en a quinze ou vingt centimètres, observa Xolotl. Ça a dû tomber pendant une bonne partie de la nuit. »

Levant les yeux vers le ciel, il flaira doucement l'air autour de lui, comme s'il y décelait une odeur qui échappait à son compagnon — c'était toujours sa météo personnelle.

« Pas de nuages, murmura-t-il. Donc, il ne tombera plus rien aujourd'hui. Mais il va faire froid, et la neige ne fondra pas. »

Juste à ce moment, Thibaut sortait de l'autre tente, où il avait passé la nuit avec Jean-Marie. Lui aussi fit la grimace en découvrant l'aspect de la forêt.

« Pas moyen de partir, dit Serge. Ce serait trop risqué.

— En effet, confirma Thibaut. Mais ce n'est pas grave. On a des provisions pour la journée.

— Mmmmm..., fit Serge. C'est le 27, aujourd'hui. Demain matin, nous aurons encore trois jours pour chercher. Ça ira. »

Déjà, Xolotl était occupé à chauffer de l'eau pour le café. Les quatre garçons prirent leur petit déjeuner, puis Thibaut entraîna Serge un peu à l'écart et lui dit à voix basse :

« Ecoute-moi. Et réponds-moi bien franchement, sans tourner autour du pot... Es-tu sûr que nous n'avons pas raté notre coup ? »

Serge regarda Thibaut, sans comprendre.

« Tu veux dire quoi ? chuchota-t-il.

— Simplement ceci. Nous avons fait tout ce qu'il fallait, c'est vrai. Nous avons réussi à entrer dans la Tour, et nous avons fait sortir le gamin qui était prisonnier au second étage. Ça, c'est clair... Mais, est-ce que c'était vraiment Louis XVII ? »

Serge s'attendait à tout, sauf à cela. Il en eut le souffle coupé, et se demanda sérieusement si son compagnon ne devenait pas fou...

« Pourquoi ? Tu crois que ce n'est pas lui ?

— Regarde-le bien... Il est maigre et chétif. Il a peur de tout. Il n'ose même pas nous regarder en face... Ce n'est pas possible, qu'il soit fils de roi ! »

Serge hésita, rien qu'un instant.

« Tu oublies qu'il est encore jeune, murmura-t-il.

— Et toi, répliqua Thibaut, tu oublies qu'un noble n'est pas élevé comme le fils d'un serf... Tu dis qu'il est jeune. Quel âge a-t-il ? »

Serge calcula rapidement.

« Il aura neuf ans le 27 mars. Dans deux mois.

— Neuf ans ? répéta Thibaut. Quand je pense à ce que je faisais à neuf ans ! Et pourtant, je n'étais pas fils de roi... Crois-tu que j'aurais accepté qu'on me traite ainsi ? »

Comme toujours, Thibaut semblait solidement convaincu de ce qu'il affirmait, et on ne le sentait pas prêt à changer d'avis.

« Ça n'a rien d'étonnant, expliqua Serge. N'oublie pas qu'il a vu la Révolution, et qu'il vit en prison depuis dix-sept mois. C'est bien normal, après tant d'épreuves, qu'il ait peur de tout. »

Thibaut secoua la tête avec énergie.

« Non, dit-il. S'il avait vraiment reçu une éducation de prince pendant plus de sept ans, ça ne l'aurait pas abattu à ce point. Pour moi, ce gamin-là n'est pas un fils de roi. »

Serge resta pensif pendant un long moment. Il essaya d'imaginer Thibaut à neuf ans, dans les mêmes circonstances. Il aurait sûrement rendu les coups. Il aurait crié, frappé, rué, mordu, griffé... Jamais il n'aurait plié l'échine. Mais était-ce une question de caractère, ou d'éducation ?

« Admettons, soupira-t-il. Comment explique-tu tout ça ?

— Réfléchis un peu, Serge ! Il y a toujours des royalistes en France, et ils n'ont pas dû baisser les bras... Qu'est-ce qui prouve qu'ils n'ont pas déjà libéré Louis XVII, il y a quelques semaines ? En le remplaçant par un gamin du même âge, et qui lui ressemble...

— Quoi ? Tu veux dire que... Mais comment auraient-ils pu réussir ça ? »

Thibaut eut un geste vague.

« Je n'en sais rien ! dit-il. Mais moi, je suis sûr que ce gamin-là n'est pas le vrai Louis XVII. Nous sommes arrivés trop tard, et nous n'avons pas fait évader le prisonnier qu'il fallait... »

*

* *

Ils durent se contenter, ce jour-là, des provisions que Thibaut avait rapportées la veille —

en buvant de la neige fondue, puisqu'il ne restait plus de vin. Et pendant le déjeuner, ils se demandèrent, une fois de plus, pourquoi personne ne semblait au courant de l'évasion, à Creil ou à Compiègne.

« Pourtant, observa Xolotl, ils doivent bien savoir que nous avons quitté Paris.

— D'accord, approuva Serge. La mère Brécourt a dû aller raconter à la police qu'on n'avait pas remis les pieds chez elle. En outre, ils ont dû interroger les gardes, à toutes les portes de Paris. Et celui qui a vu nos passeports nous a sûrement signalés... Donc, ils savent que nous sommes partis au nord-est. Vers Amiens, ou Saint-Quentin, ou Soissons... »

Thibaut intervint.

« Et le télégraphe Chappe ? demanda-t-il. Ça n'existe pas encore, ce machin-là ?

— Non, répondit Serge. On ne va l'installer que dans six mois.

— Alors, ça ne va pas trop mal, conclut Xolotl. Ils ne pourront pas faire grand-chose, pour nous retrouver. A part envoyer des cavaliers à droite et à gauche, et questionner les gens au petit bonheur... Ça ne les mènera pas bien loin. En restant ici, bien cachés, nous ne risquerons rien... »

Jean-Marie, occupé à sucer un os de poulet,

ne s'intéressait nullement à ce qu'on disait autour de lui.

« Attention ! dit Serge. Il ne faut quand même pas croire que tout baigne... S'ils veulent vraiment nous pincer, ils peuvent donner l'alerte dans toute la France. On sonnera le tocsin dans chaque village, et on fera des battues partout. Dans la campagne, dans les champs, dans les forêts. Tout le monde s'y mettra, les hommes, les femmes, les vieux et les enfants ! Avec des chiens, et avec des torches si c'est la nuit. Et là, pas moyen de leur échapper... »

*

* *

Etait-il possible que Jean-Marie ne soit pas Louis XVII ?

Pendant toute la journée, Serge se posa et se reposa la question. A la fin de l'après-midi, n'y tenant plus, il décida d'en avoir le cœur net. Profitant d'une brève absence de Thibaut, il se glissa sous sa tente, pour interroger le jeune garçon.

« Dis-moi, Jean-Marie. Où étais-tu, avant qu'on ne te mette en prison ?

— J'ai toujours été enfermé, Sylvain.

— Non. Avant, tu n'étais pas en prison.

— Si. »

C'était la première fois que Serge lui parlait sérieusement, en tête à tête. Et le gamin se méfiait, visiblement. Normal : il n'oubliait pas la peur qu'il avait eue dans la Tour, quand il avait vu ligoter le garde et le cordonnier Simon, et quand Thibaut l'avait obligé à boire le vin drogué. Même s'il s'était un peu détendu depuis lors, il n'était pas encore prêt à considérer ses ravisseurs comme des amis.

« Avant tout ça, poursuivit Serge patiemment, tu vivais à Versailles. Dans un très grand château. Le plus beau château de France... Tu ne te souviens pas ?

— Non. »

Le Dauphin avait quitté Versailles à quatre ans et demi. Si c'était lui, il devait nécessairement se rappeler quelques détails... Serge essaya de réveiller sa mémoire endormie.

« C'était un très beau parc... D'un côté du château, il y avait le bassin de Neptune. De l'autre côté, l'escalier des Cent Marches et la pièce d'eau des Suisses... Tu ne te souviens de rien ?

— Non. »

Le jeune garçon avait l'air d'une bête traquée, et ses yeux fuyaient ceux de Serge. Par moments, il jouait avec la fermeture éclair de son duvet, comme si rien d'autre ne l'intéressait plus. Avait-il vraiment tout oublié ? Mentait-il ? Ou s'agissait-il décidément d'un autre enfant ? Serge ne parvenait pas à se faire une opinion.

Tout à coup, le gamin demanda :

« Quand vas-tu me ramener chez Simon ? »

Embarrassé, Serge répondit par une autre question.

« Tu l'aimais bien, le citoyen Simon ?

— Oui. Il me racontait des histoires, il jouait avec moi. Et il ne m'empêchait pas de boire du vin, lui... »

Blessé et furieux, Serge n'insista pas et sortit de la tente. Jusqu'au soir, sans rien dire, il rumina sa colère, qui lui restait dans la gorge comme une grosse boule. A la nuit tombante, il n'y tint plus et raconta tout à Xolotl.

« Tu te rends compte, Xo ? Ce qu'on a risqué, tous les trois, pour faire évader ce malheureux gosse... Et il s'est attaché à Simon ! A cette brute de Simon... Il est prêt à retourner dans la Tour pour le rejoindre ! Et il nous en veut parce que nous l'avons sauvé ! Bon sang ! Si je m'attendais à ça...

— Moi, ça ne m'étonne pas trop, dit Xolotl. Quand on est vraiment tout seul, on se raccroche à n'importe qui. »

Serge se tut, comme si ces deux phrases

l'avaient calmé tout à coup. Levant les yeux, il regarda longuement les arbres dépouillés de leurs feuilles, les branches enneigées, et le ciel sombre où les premières étoiles s'allumaient déjà.

« Tout de même, soupira-t-il. Si ce n'était pas Louis XVII ? »

Mais personne ne pouvait répondre à cette question.

15

# A Pont-Sainte-Maxence

Quand Serge et Xolotl se levèrent le lendemain, il faisait grand jour et Thibaut était sorti de sa tente depuis longtemps. La neige de la veille était toujours là.

« Zut ! fit Serge. Je croyais qu'elle allait fondre.

— Penses-tu ! dit Thibaut. Pour que ça fonde pendant la nuit, il faudrait qu'on soit en plein dégel.

— On ne peut vraiment plus attendre, murmura Serge. Il faut trouver une famille pour le petit. Même si c'est risqué, il faut qu'on cherche aujourd'hui. »

Thibaut observa le ciel avec attention — il avait, lui aussi, sa météo. C'était un triste ciel sans couleur, terne et sombre.

« Entendu ! approuva-t-il. On va chercher, c'est d'accord. Mais le danger n'est pas terrible. Il va dégeler avant ce soir.

— Tant mieux, dit Serge. Moi, je vais à Pont-Sainte-Maxence... Et toi, tu es toujours décidé pour Verneuil ? »

La veille, ils avaient eu largement le temps d'étudier la carte.

« Oui, j'irai à Verneuil », dit Thibaut.

En partant, ils regardèrent, avec un peu d'inquiétude, les traces qu'ils laissaient derrière eux.

« J'espère que tu ne te trompes pas, soupira Serge. Pourvu qu'il dégèle... »

Et ils se séparèrent.

*

* *

A Pont-Sainte-Maxence, Serge retrouva la même atmosphère qu'à Villers-Saint-Frambourg. Les habitants ne riaient guère, parlaient peu et semblaient se méfier de tout. Très vite, Serge devina qu'il ne trouverait rien, mais cette fois, il s'obstina et chercha vaillamment une famille pour le petit roi. Mais vers trois heures, il comprit que la partie était perdue pour ce jour-là. Alors, il entra dans une petite auberge, au bord de l'Oise, pour écouter les conversations, à tout hasard.

Il s'y trouvait depuis moins de dix minutes, quand deux hommes vinrent s'asseoir à la même table que lui.

« Eh bien! proposa l'un d'eux. Tu prends un verre avec nous, mon gars?

— Ce n'est pas de refus», dit Serge.

Les deux hommes étant fort bavards, Serge n'eut aucune peine à les faire parler. Il lui suffit de quelques mots pour les lancer sur le « tyran » et l'« Autrichienne ». A les entendre, on aurait cru qu'ils avaient pris part à chaque épisode de la Révolution. Serge les écouta longtemps, puis il demanda, sans avoir l'air d'y toucher :

« Et le louveteau? Que fera-t-on de lui? »

Un franc éclat de rire répondit à cette question.

« Le louveteau? dit l'un des hommes. Il est enfermé dans la tour du Temple. Et solidement, je t'assure... Ne t'inquiète pas pour lui, mon gars. Il va y rester jusqu'à sa mort. Personne ne pourra le sortir de là, tu peux me croire. »

Serge n'avait pas besoin d'en demander davantage. Il en savait assez. Quelques minutes plus tard, il se leva pour prendre congé des deux hommes.

« Tu t'en vas déjà, mon gars?

— Oui, citoyen. Il est temps que je rentre.

— De quel côté tu vas ?

— Pontpoint », répondit Serge sans hésiter.

C'était la direction opposée à la forêt d'Halatte.

« Je pars avec toi, dit l'un des hommes en se levant. Je vais par là aussi. »

Fort embarrassé, mais n'osant refuser, Serge sortit avec lui. Par bonheur, l'autre bavard partait vers le nord, par la route d'Arras... Serge se retrouva donc sur le chemin de Pontpoint, avec ce compagnon imprévu. La température s'était adoucie au cours de l'après-midi, et la neige, sur la route, s'était transformée en une boue noirâtre. Ils marchèrent pendant quelques minutes sans parler, le temps de sortir de la ville, puis l'homme dit tout à coup :

« C'est drôle que tu ne saches pas tout ça, mon gars !

— Quoi donc ?

— Tout ce qui s'est passé à Paris depuis la Révolution. C'est drôle que tu ne sois pas au courant. Tu viens donc de loin ?

— Je viens de Saint-Pierre-en-Port, près de Fécamp.

— Evidemment, c'est loin. »

L'homme avait beaucoup bu, mais il supportait bien le vin. Un instant, Serge se demanda s'il avait des soupçons... Puis il se rassura. Non, l'homme parlait parce qu'il aimait parler, voilà tout.

« C'est vrai que ce n'est pas tout près, reprit-il. Mais tu devrais quand même être au courant...

— Quand on est loin de Paris, on ne sait pas tout ça, citoyen.

— Hé ! C'est drôle, tout de même. »

Quelque chose avait changé, tout à coup. Serge ne savait plus sur quel pied danser et il aurait donné gros pour lire les pensées de l'autre. Après un long silence, l'homme demanda :

« Pourquoi m'as-tu questionné sur le louveteau ? »

Serge eut l'impression qu'un énorme étau lui serrait lentement le ventre — et il essaya un faux-fuyant.

« Eh citoyen ! Pour m'informer, voilà tout ! »

L'autre ne se laissa pas prendre à cette réponse qui n'en était pas une. S'arrêtant brusquement, il se plaça en travers de la route comme s'il voulait barrer le passage à Serge.

« Ho ! Réponds ! Pourquoi m'as-tu questionné sur le louveteau ?

— Mais enfin..., balbutia Serge. J'ai parlé de lui comme j'aurais parlé d'autre chose ! »

Une lueur bizarre brillait dans les yeux de l'homme, comme s'il était mal convaincu. Il avait la taille et la corpulence d'un fort des Halles, et de larges mains capables d'assommer un bœuf. Serge se sentit soudain tout faible en face de cet hercule, et la peur l'envahit tout à coup — une peur bien pire que celle qu'il avait connue dans la Tour... Il jeta un coup d'œil autour de lui. La nuit tombait, et l'endroit était désert. Il se força à respirer lentement pour calmer les battements de son cœur et, du geste le plus naturel qu'il put, il glissa la main vers la poche où son pistolet à gaz était caché.

« Tu me prends pour un nigaud! ricana l'homme. Pendant que nous avons parlé, tu ne m'as posé qu'une seule question et c'était celle-là. Pourquoi ? »

Décidément, cela tournait mal, et il n'y avait plus à hésiter. Serge se pencha vers l'homme, avec le même geste que Thibaut avait eu pour le cordonnier Simon, quatre jours plus tôt.

« Ecoute-moi bien, citoyen... »

Il y eut un « Pchhhh... » léger, comme dans la Tour, et l'homme s'effondra. Serge l'empêcha de tomber trop brutalement, le traîna en dehors de la route, et le coucha dans la neige fondante. Puis il se redressa et regarda rapidement autour de lui. Personne... Quand l'homme se réveillerait, dans une demi-heure, la nuit serait complète et Serge bien trop loin pour être rattrapé.

Le garçon reprit la direction de Pont-Sainte-Maxence, pour rejoindre la forêt le plus tôt possible. Maintenant, il savait ce que c'était, d'être « grillé » dans un village. Pendant les deux jours suivants, il n'aurait pas intérêt à rôder dans les environs...

*

* *

Quand Serge rejoignit la clairière, la neige avait entièrement fondu et il faisait nuit depuis longtemps. Xolotl et Thibaut, assez inquiets, l'avaient attendu avant de mettre le dîner à cuire. Il s'empressa de raconter son aventure.

« Eh bien, dis donc ! s'écria Thibaut. Si ton bonhomme a roupillé dans la neige pendant une demi-heure, il doit être dans un bel état !

— Gros rhume, précisa Xolotl.

— J'y ai pensé, dit Serge. Evidemment, j'aurais pu l'abandonner sur la route... Mais s'il était passé une charrette avant qu'il ne s'éveille ? Ce n'était pas mieux... »

Il raconta ensuite ce qu'il avait appris dans l'auberge, à Pont-Sainte-Maxence.

« Je ne comprends plus, murmura Thibaut. Le jour de l'évasion, c'était bien le 24 ?

— Oui, et nous sommes le 28. En quatre jours, la nouvelle aurait dû arriver jusqu'ici, c'est clair. Surtout une nouvelle comme celle-là. »

Assis dans l'herbe à côté d'eux, Jean-Marie contemplait Xolotl qui faisait revenir du lard et des oignons pour une grande omelette... Ecoutait-il ce que les autres disaient ? Vraisemblablement pas. Il ne s'intéressait, pour l'instant, qu'à l'omelette.

« Si la nouvelle ne circule pas, dit encore Thibaut, c'est que le Comité de salut public veut garder le secret. Mais pourquoi ? »

Personne ne répondit à cette question.

Aussitôt la dernière bouchée avalée, Thibaut envoya Jean-Marie se coucher, en vérifiant bien qu'il ne restait pas de vin à sa portée. Puis il revint s'asseoir avec ses deux amis.

« Ça va mal, murmura Serge, accablé. On n'a plus que deux jours. Qu'est-ce qu'on fera, si on ne trouve personne pour se charger du petit ? »

Assis près du réchaud éteint, les trois amis ne brillaient pas par leur entrain. Le ciel était entièrement couvert, et la nuit totale.

« En réalité, on n'a plus qu'un jour, observa Thibaut. Si on lui déniche une famille, on aura besoin de la journée du 30 pour le conduire là-bas. Il faut qu'on trouve demain, rien à faire. »

Seul le sifflement du vent dans les branches lui répondit. Puis la voix de Xolotl s'éleva dans la nuit :

« Est-ce qu'on trouvera, demain ?

— Ce qui est terrible, soupira Serge, c'est qu'ils ont tous la frousse. Vraiment tous. C'est pire qu'à Paris... Ils ne pensent plus qu'à la guillotine. A la longue, on finit par avoir aussi peur qu'eux. »

Par moments, le vent tombait et le silence de la forêt était alors extraordinaire... Serge frissonna. Il ressentait durement la fatigue de la journée, et le poids de cette nuit sans étoiles, et la tension nerveuse des jours passés. Il n'avait plus aucune envie de parler, ce soir-là...

16

# A Chamant

Serge retrouva tout son courage le lendemain, en observant que le dégel persistait.

« Aujourd'hui, ça va marcher ! annonça-t-il.

— J'espère bien, dit simplement Thibaut. Tu pars de quel côté ? »

Il déplia la carte et l'examina.

« Tu veux essayer à Fleurines ? »

Serge secoua la tête avec énergie.

« C'est un grand patelin, dit-il. Je préfère un petit village. »

Il étudia la carte à son tour.

« J'irai voir à Chamant, annonça-t-il. Si je ne trouve rien là-bas, je remonterai la vallée de l'Aunette jusqu'à Barbery.

— D'accord, approuva Thibaut. Moi, je vais à Fleurines. »

Il avait parlé sans enthousiasme, et Serge comprit qu'il n'aimait guère chercher ainsi. Thibaut était né pour se battre au grand jour, et non pour travailler dans l'ombre. Les besognes obscures ne lui réussissaient pas.

*

* *

En traversant la forêt, Serge chercha longuement un moyen d'échapper à la méfiance qu'il rencontrait partout.

« Il faudrait que j'aie l'air inoffensif, songea-t-il. Et je ne peux quand même pas me déguiser en agneau ! Quoique... On aurait sûrement pitié de moi, si j'étais malade ou blessé, et on ne se méfierait pas du tout. Oui, c'est ça. Il faut que j'aie l'air un peu amoché... »

Avant d'arriver aux premières maisons de Chamant, il se mit un bras en écharpe et se frotta le poignet sans douceur, avec des feuilles d'ortie. Puis, ignorant la douleur et les picotements, il entra dans l'auberge du village et commanda un verre de vin.

« Tu es blessé, mon gars ? » demanda l'aubergiste, apitoyée.

C'était une femme aux cheveux gris, souriante et très aimable. Serge montra son poignet, rouge et gonflé.

« J'ai fait une mauvaise chute, citoyenne. Je crois bien que j'ai quelque chose de cassé dans le bras...

— Oh ! Mon pauvre... » soupira la femme.

Elle s'empressa de donner l'adresse de l'unique médecin de Chamant.

« Si tu ne le trouves pas, ajouta-t-elle, tu n'auras qu'à demander à n'importe qui. C'est le citoyen Hervagault. Tout le monde pourra t'indiquer sa maison. »

Visiblement, elle n'avait pas le moindre soupçon, et elle était ravie de parler un peu. C'était bien vrai, songea Serge, qu'on ne se méfie jamais d'un malade ou d'un blessé... Il apprit ainsi, en quelques minutes, que le docteur Hervagault n'était pas vieux — qu'il était fort aimé dans le village, qu'il était marié depuis dix ans, et qu'il n'avait pas d'enfants.

Serge n'en croyait pas ses oreilles. Etait-il possible que sa période de malchance touche à sa fin ? Son poignet frotté d'orties l'avait conduit exactement où il voulait aller. C'était presque trop beau pour être vrai... Le garçon réussit à cacher sa joie, paya l'aubergiste et partit.

Il trouva facilement la maison du médecin, isolée au milieu d'un jardin, un peu à l'écart du village. Sans hésiter, il s'approcha, frappa à la porte, et on lui ouvrit très vite. C'était une jeune femme au visage doux, qui pouvait avoir vingt-huit ou trente ans.

« Bonjour, citoyenne. La maison du citoyen docteur, c'est bien ici ? »

Aussitôt, la femme ouvrit largement la porte.

« Oui. Entre, mon garçon. Mon mari n'est pas là, mais il reviendra bientôt. Tu peux l'attendre. »

Elle fit entrer Serge et le conduisit dans le cabinet du médecin, où elle le laissa seul.

De la chaise où il était assis, Serge apercevait une partie du jardin — et, au-delà de ce jardin, une vaste prairie qui descendait en pente douce jusqu'à l'Aunette... « Si Jean-Marie pouvait vivre ici, songeait-il, ce serait fantastique. Il serait au grand air, avec de braves gens, et il oublierait tout son passé. Il pourrait devenir un petit paysan de France, un vrai petit paysan, comme tous les autres. Personne ne saurait jamais d'où il vient... »

Un bruit de pas, dans le couloir, interrompit sa rêverie. Tout de suite après, la porte s'ouvrit et le docteur Hervagault entra.

« Alors, mon gars ? Tu t'es foulé le poignet ?

— Oui, citoyen docteur.

— Montre-moi... Oh ! Tu es tombé dans les orties ?

— Oui. »

Le médecin palpa doucement le poignet de Serge, en faisant jouer l'articulation dans tous les sens. Il avait des doigts souples et délicats, et semblait fort adroit. Pendant ce temps, Serge l'observait à la dérobée... L'homme pouvait avoir trente ou trente-cinq ans. Quoiqu'il ne fût pas très grand, il paraissait robuste et solide.

« Tu n'as rien de cassé, mon gars, dit-il enfin avec un bon sourire. Rien du tout. L'enflure de ton poignet vient des orties, et elle s'en ira toute seule. Tu en seras quitte pour la peur.

— Merci, citoyen docteur. »

Serge esquissa le geste de mettre une main en poche, comme s'il voulait payer, mais le médecin l'arrêta.

« Ho ! Tu ne me dois rien. Je ne t'ai pas soigné. »

Serge fut frappé par la bienveillance de son regard, et sa mine ouverte.

« Tu n'es pas d'ici, mon gars. Tu ne voudrais quand même pas que je fasse payer un jeune qui vient de loin ? Car tu viens de loin, n'est-ce pas ?

— Oui, citoyen docteur. Je viens de Saint-Pierre-en-Port. C'est un petit village au bord de la Manche... Je vais chercher du travail à Paris.

— Tes parents sont morts ? Tu es seul au monde ? »

Serge fit une grimace incertaine, comme s'il hésitait à répondre. Puis, comme mû par une impulsion subite :

«J'ai un gosse avec moi, dit-il. Un gamin de neuf ans. Il y a un an déjà que son père est mort... Puis sa mère est morte aussi, au mois d'octobre...

— Et tu l'as recueilli? demanda le médecin.

— Oui. J'ai cru bien faire. C'était un bon petit garçon, et il était enfermé dans une pièce sans air. On ne s'occupait pas de lui, et il était malheureux... Je l'ai pris avec moi. Mais maintenant... Qu'est-ce que je vais faire de lui, quand je serai à Paris?»

Serge regarda le docteur Hervagault. Cette fois, son hésitation était réelle, car il devait abattre tout son jeu d'un seul coup.

«Si je pouvais trouver de braves gens qui s'occuperaient de lui...» dit-il à mi-voix.

Il n'acheva pas sa phrase, le médecin avait compris. Dans les dix secondes qui suivraient, la partie serait gagnée — ou perdue...

«Où est-il, pour le moment? demanda le docteur Hervagault.

— Dans une ferme où nous avons passé la nuit, au nord de la forêt d'Halatte.

— Tu retournes là-bas, ce soir?

— Oui.»

Le médecin réfléchissait, les yeux baissés.

«Peux-tu l'amener demain? dit-il brusquement. Vers quatre heures de relevée...»

*

* *

Le cœur léger, cette fois, Serge acheta des provisions à l'autre bout du village, puis retourna vers la forêt, avec le long détour qu'il s'imposait chaque fois. Parvenu à cent pas de la clairière, il rencontra Thibaut qui revenait de son côté, la tête basse, et qui annonça tout de suite :

« C'est fichu. Je n'ai rien trouvé.

— Moi, j'ai trouvé ! »

Et Serge fit un récit succinct de sa journée.

« Je n'arrive pas à le croire, murmura Thibaut. Ils ont tous tellement peur de la guillotine... Qu'est-ce que tu as pu raconter à ce bonhomme, pour qu'il accepte ? »

Serge répéta, mot pour mot, sa conversation avec le docteur Hervagault.

« Tu n'as pas dit que le gosse était Louis XVII ? demanda Thibaut.

— Evidemment non ! répondit Serge. Mais je n'ai pas menti, note bien. Tout ce que j'ai dit était vrai. Simplement, je n'ai pas tout dit. »

Thibaut fronça les sourcils, puis il se tourna vers son ami, la mine sévère.

« Tu n'aurais pas dû faire ça, Serge ! Cet homme va jouer sa tête, en adoptant Jean-Marie. On ne peut pas lui faire courir un risque pareil, sans le mettre au courant. Il a le droit de savoir... »

Serge protesta, très vite.

« Hé, toi ! Il y a trois jours, tu n'y croyais pas... Tu m'as dit que ce n'était pas le "vrai" Louis XVII, et qu'on avait fait sortir un gosse qu'il ne fallait pas. Alors, quoi ? Il faudrait savoir !

— Je sais bien que je t'ai dit ça, répliqua Thibaut sans s'émouvoir. Je le croyais il y a trois jours, et je le crois encore maintenant. Mais je n'en mettrais pas ma main au feu. Et si par hasard je me trompe, si le gamin est quand même le vrai Louis XVII, ça peut envoyer le docteur Hervagault à la guillotine. »

Serge poussa un soupir exaspéré.

« Si je dis ça au docteur Hervagault, il aura la frousse comme tous les autres et il ne prendra pas le gosse... Et nous, qu'est-ce qu'on va faire de lui ? On va l'abandonner, pour qu'il retourne en prison ? »

Thibaut haussa les épaules, comme s'il ne trouvait rien à répondre. Puis, regardant son ami bien en face :

« Ecoute-moi, Serge. Il faut ab-so-lu-ment le dire. Sinon, tu le regretteras toute ta vie. »

Serge soutint le regard de Thibaut pendant un long moment, puis il baissa les yeux.

« D'accord. C'est vrai, qu'on ne peut pas faire autrement... Mais s'il ne veut pas prendre le gosse, après ça, on sera dans la mélasse jusqu'aux yeux ! »

*

* *

Serge ne put s'endormir, ce soir-là. Après s'être retourné une dizaine de fois sur son matelas pneumatique, il sortit doucement de la tente sans réveiller Xolotl. Dehors, la clairière était tout illuminée par la lune. Serge fit quelques pas et se trouva nez à nez avec Thibaut, debout dans l'ombre, adossé à un vieux chêne.

« Pas moyen de fermer l'œil, chuchota Thibaut. Je ne pouvais pas m'empêcher de penser au gamin. Je ne vois pas ce qu'on pourra faire, si le docteur ne veut pas le prendre.

— Moi aussi, je ne pense qu'à ça, murmura Serge. Et je ne trouve rien non plus. »

A ce moment, un oiseau de nuit ulula, quelque part dans la forêt. C'était un « Houououou » d'abord très doux, qui s'amplifia comme si l'animal était en colère, puis s'arrêta tout à coup.

« Une chevêche... » dit machinalement Thibaut. Il fit quelques pas dans la clairière, sans aucun bruit, comme s'il voulait se dégourdir les jambes ou se réchauffer, puis il revint vers Serge...

« Et si on le prenait avec nous ? proposa-t-il.

— On a promis au professeur de ne pas le

ramener, répondit Serge. Rappelle-toi. Nous n'avons pas le droit de changer l'Histoire... »

Thibaut restait sur place, à présent. Serge le vit nettement hausser les épaules — et il devinait à peu près ce qui allait suivre.

« Bof! Est-ce que ça compte, l'Histoire? Ce qui compte vraiment, c'est de sauver ce gamin. Si nous le ramenons avec nous, le professeur ne va quand même pas le renvoyer en 1793! Alors, qu'est-ce qui nous empêche...

— Non impossible! répliqua Serge. Nous n'avons que trois ceintures d'autinios.

— Je sais. Mais nous pouvons enlever quelques maillons à chacune des ceintures. Avec ces maillons-là, nous en ferons une quatrième pour lui. Il n'est pas gros... »

Serge eut une hésitation, très brève.

« Pas possible, dit-il. L'autinios est trop dur. Aucun métal de 1793 ne peut le couper... Nous sommes venus à trois, c'est à trois que nous repartirons. »

17

# Départ pour l'inconnu

Le lendemain, vers onze heures, Serge se mit vaillamment en route avec Jean-Marie. Comme le jeune garçon n'était pas assez robuste pour marcher jusqu'à Chamant, Serge le prit sur son dos dès qu'ils eurent rejoint un sentier. Tout en allant, il lui parlait de temps en temps à mi-voix, tournant souvent la tête pour se faire mieux comprendre. Il tâchait de lui donner un peu de courage, et s'exprimait avec des phrases courtes, faites de mots très simples.

«Je t'emmène à Chamant. C'est là que tu vivras.

— Oui.

— Tu seras chez un docteur, qui sera très bon pour toi.

— Oui.

— Tu ne dois jamais dire d'où tu viens. A personne.

— Oui. »

Le gamin répondait oui à n'importe quoi, d'une voix indifférente — comme si rien de tout cela ne le concernait. Ce qui l'intéressait vraiment, c'était de voyager sur le dos de Serge.

Ils quittèrent la forêt vers deux heures de l'après-midi, au nord de Villers-Saint-Frambourg. Serge s'arrêta dans un chemin creux qui rejoignait, un peu plus loin, la route de Compiègne à Senlis. Il déposa Jean-Marie au bord du talus, puis sortit de son sac un peu de pain, un bout de fromage et des œufs durs que Xolotl avait cuits avant leur départ.

Après avoir donné quelques gorgées de vin au jeune garçon, il commença d'écaler les œufs. Jean-Marie, qui n'avait jamais vu d'œufs durs, le regardait faire avec curiosité.

« Ça ne coule pas ? demanda-t-il.

— Non, expliqua Serge. C'est dur à l'intérieur. »

Puis il ouvrit un petit paquet de sel. C'était du sel du XX^e siècle — beau, blanc, très fin, qui coulait comme de l'eau. Serge avait entendu raconter de sombres histoires de gabelle, et il n'avait pas voulu venir en 1793 sans emporter son sel.

« Et cette chose blanche ? Qu'est-ce que c'est, Sylvain ? »

C'était la première fois que Jean-Marie parlait ainsi, sans qu'on l'interrogeât. Serge répondit de son mieux à ses questions, et le regarda dévorer ses œufs durs. Visiblement, ce pique-nique imprévu l'amusait. Tout à coup, le jeune garçon leva la tête.

« Dis-moi, Sylvain. Tu vas rester avec moi, à Chamant ? »

Pris au dépourvu, Serge hésita. Puis il comprit qu'il fallait une réponse, très vite — et une réponse loyale.

« Peut-être... » murmura-t-il enfin.

Tout en mangeant, il observait ce petit inconnu qu'ils avaient fait sortir de sa prison, qu'ils traînaient avec eux depuis six jours, et dont ils ne savaient rien... « C'est quand même drôle, songea-t-il, comme on peut s'attacher à un gosse, en six jours à peine... »

« Je veux que tu restes avec moi, Sylvain. »

Serge se sentit tout remué par cette simple phrase. Avec ses vêtements de pauvre trop grands pour lui, son cou maigre et ses poignets trop minces, Jean-Marie paraissait vraiment frêle et sans défense. « Il n'a rien appris dans sa prison, se dit Serge. Il est naïf comme pas deux... Si nous l'abandonnons, il va tomber dans tous les pièges qu'on lui tendra. Il ne restera pas deux jours en liberté... »

« Tu vivras chez un docteur, expliqua encore Serge. C'est un brave homme. Et sa femme est très bonne, elle aussi. Tu verras, ils seront très gentils pour toi, tous les deux. »

Mais Serge n'y croyait plus guère... Depuis l'aube, il pensait à l'explication qu'il devrait fournir au docteur Hervagault — et l'avenir lui semblait sombre. Il était presque sûr d'aller au-devant d'un refus.

« Mais tu vas venir avec moi, Sylvain ? ».

Pour éviter de répondre, Serge prit le fromage et le coupa en deux, d'un geste vif.

« Tiens. Prends ça ! »

Le jeune garçon accepta. Mais en mangeant sa part, il jeta deux ou trois coups d'œil inquiets du côté de Serge, comme s'il hésitait à répéter sa question. Puis il se décida.

« Alors, Sylvain ? Tu vas rester avec moi ?

— Peut-être. »

Comprenant qu'il n'obtiendrait pas d'autre réponse, Jean-Marie n'insista plus. De son côté, Serge n'avait guère envie de parler.

Le repas se terminait.

« Tu n'as plus faim, fiston ?

— Non. »

Serge lui donna encore un peu de vin. Le gamin but quelques gorgées, s'essuya la bouche avec le revers de la main et parut satisfait.

« Viens, nous partons, annonça Serge d'un ton faussement joyeux. Grimpe sur mon dos. »

Tout en marchant, Serge continuait à réfléchir. Si le docteur Hervagault refusait l'enfant, ce serait son droit — et il ne faudrait pas insister. Mais Serge n'avait plus le temps de trouver un autre foyer avant la nuit...

Heureux d'être porté, Jean-Marie ne disait plus rien. Il n'était pas lourd, et il ne remuait pas trop. De temps en temps, il tournait la tête à gauche ou à droite pour regarder autour de lui, ou s'amusait à souffler dans le cou de son porteur... « Je pourrais encore aller loin comme ça, s'il le fallait », pensa Serge.

A un tournant de la route, un village apparut à l'horizon.

« C'est là, Chamant ? demanda le jeune garçon.

— Oui. Encore une demi-lieue à marcher. »

Serge élaborait son plan peu à peu, en préparant chaque détail avec soin. Dans la forêt, il détacherait sa ceinture d'autinios et la laisserait tomber parmi les feuilles mortes, là où personne ne la trouverait jamais. Puis, à cent pas de la clairière, il cacherait Jean-Marie dans un fourré. « Mmmoui, songea-t-il. Ce sera difficile de le faire taire... Il aura sûrement peur. Tant pis, je me débrouillerai. » Puis il rejoindrait

Xolotl et Thibaut, et ils attendraient minuit tous les trois...

« Ce sera le plus dur, pensa Serge. Je saurai qu'ils vont s'en aller d'une minute à l'autre, et moi, je vais rester là... »

Il imaginait cette longue attente, sous les étoiles, avec ses deux amis qu'il ne reverrait jamais plus... A minuit, quand le professeur Auvernaux mettrait le contact pour les ramener au XXe siècle, Xolotl et Thibaut disparaîtraient brusquement. Et lui, Serge, resterait seul au milieu de la clairière... « Zut ! se dit-il. Ce sera un sale moment à passer ! » Alors, il serra les dents et essaya de penser à autre chose.

A présent, ils arrivaient aux premières maisons du village. Serge tourna un peu la tête pour parler à Jean-Marie.

« N'aie pas peur, murmura-t-il. Je ne te laisserai pas tomber. S'il y a du danger, je resterai avec toi. »

*

* *

Ce fut la citoyenne Hervagault qui leur ouvrit la porte.

« Ah, Sylvain ! s'écria-t-elle. Tu nous amènes le petit ?

— Oui, citoyenne. Il s'appelle Jean-Marie. »

Elle regardait l'enfant avec un beau sourire, et il y avait de la lumière dans ses yeux.

« Ainsi, tu t'appelles Jean-Marie ?

— Oui.

— Et tu viens vivre avec nous ? Pour toujours ?

— Oui. »

Elle se tourna vers Serge, qui put voir qu'elle était fort émue. Et quand elle parla, sa voix tremblait.

« Je vais m'occuper de lui, dit-elle. Peux-tu entrer un instant, Sylvain ? Mon mari voudrait te parler. »

Serge hésita. « Elle a l'air tellement heureuse, pensa-t-il. Et dire que je vais peut-être lui reprendre le gosse dans une heure... qu'est-ce que ça lui fera, comme choc ! » Mais, très vite, il chassa cette pensée et répondit :

« Volontiers, citoyenne.

— Il est au fond du jardin. Tu le trouveras facilement. »

18

# Pas d'accord, Sylvain...

Le docteur Hervagault attendait en effet, tout au fond du jardin — comme s'il préférait être seul, pour parler tranquillement à son visiteur. Il vint à la rencontre de Serge dès qu'il l'aperçut.

« Tu as fait une bonne action, dit-il. Ma femme ne tient plus en place depuis ce matin, tant elle est heureuse d'avoir cet enfant. Nous devons te remercier de grand cœur, et... »

Serge l'interrompit.

« Ne me remercie pas, citoyen docteur. C'est toi qui fais une bonne action, et... Et j'ai quelque chose à te dire. »

Serge hésita. Il jeta un coup d'œil rapide autour de lui, pour s'assurer que, vraiment, personne n'était à portée d'oreille. Puis il regarda le docteur Hervagault bien en face, et poursuivit à voix basse :

« C'est très important. Hier, quand je t'ai parlé de l'enfant, je n'ai pas menti. Mais je n'ai pas dit toute la vérité... »

Le visage du médecin devint grave mais il n'y avait aucune colère dans sa voix quand il parla.

« Je suppose que tu vas me la dire à présent, la vérité ?

— Oui, répondit Serge. Maintenant, je vais tout dire. Enfin... Tout ce que je sais. »

Le docteur Hervagault regarda autour de lui, tout juste comme Serge l'avait fait, une minute plus tôt.

« Bien. Je t'écoute, Sylvain.

— Tout ce que je t'ai dit hier est vrai, citoyen docteur. Rien n'est faux, je le jure. Le père de l'enfant est bien mort, il y a un an. C'est vrai, mais il a été guillotiné. »

Le médecin haussa les épaules.

« Si ce n'est que cela..., murmura-t-il.

— Non. C'est plus grave, citoyen docteur. Mais laisse-moi parler, je t'en prie. Parce que ce n'est pas facile à dire... »

A nouveau, Serge hésita. Jamais il n'aurait imaginé que sa confession serait si difficile. Alors, il choisit de tout lâcher en une fois, brutalement, pour être débarrassé plus vite de son fardeau.

« Voilà. Le père de l'enfant, c'était le roi de France. Et l'enfant, c'est Charles Capet, le ci-devant Dauphin... Maintenant citoyen docteur, tu sais tout. »

Le docteur Hervagault devint très pâle. Il se mordit les lèvres et se raidit, mais sans perdre son sang-froid. Quand il répondit, ce fut toujours à voix basse.

« Le ci-devant Dauphin est enfermé dans la tour du Temple, dit-il tranquillement. Il est surveillé, jour et nuit, par le ménage Simon, par quatre commissaires et par vingt gardes nationaux. Les murs de la Tour ont quatre pieds d'épaisseur, et chaque fenêtre est grillagée.

— Je sais tout cela, citoyen docteur. Je le sais parce que je suis entré dans la tour du Temple, le 24 de ce mois. Je m'étais habillé en femme et j'avais pris la place de la blanchisseuse de la Tour... J'ai sorti le fils Capet dans un panier de linge sale, et les commissaires n'ont pas fouillé jusqu'au fond. »

Le médecin croisa les bras et réfléchit longuement. A chaque respiration, la buée qui sortait de ses poumons formait un petit nuage blanc qui, très vite, se fondait dans l'air autour de lui. Il resta ainsi un long moment, puis il se tourna vers Serge :

« C'est impossible. Personne ne pourrait réussir un coup pareil, et je ne comprends pas pourquoi tu viens me dire tout ça. Non. Je n'en crois pas un mot, Sylvain.

— Je n'étais pas seul, citoyen docteur. Nous étions trois. »

Serge ne savait plus quoi dire. « A quoi bon continuer, s'il ne me croit pas ? songeait-il. Je n'aurais jamais dû écouter Thibaut. » Le docteur Hervagault se plongea de nouveau dans ses pensées, puis au bout d'un long silence :

« Dis-moi la vérité, Sylvain. Je connais les accents de toutes les provinces de France, mais je n'ai jamais entendu personne parler comme toi. D'où viens-tu ? D'où viennent tes amis ? »

L'heure n'était plus aux hésitations. Serge choisit de tout dire.

« Si tu veux tout savoir, nous venons tous les trois de l'avenir, citoyen docteur. Nous avons franchi tout juste deux siècles, pour tirer le petit Capet de sa prison. »

Le docteur Hervagault resta figé sur place, comme si la foudre s'était abattue sur lui.

« Quoi ? dit-il enfin d'une voix faible.

— Attends un moment, s'il te plaît... »

Serge sortit de sa poche une minuscule torche électrique emportée en cas d'imprévu, et la montra au médecin en faisant jouer l'interrupteur plusieurs fois.

« Regarde cela, citoyen docteur. Connais-tu un endroit où on fabrique des lampes comme celle-ci ? »

Le médecin prit la torche électrique et l'examina longuement. Il la tenait du bout des doigts et la manipulait avec prudence — un peu comme s'il soupçonnait un piège. Puis il la fit fonctionner et la rendit à Serge.

« A présent, je te crois, dit-il. Ou plutôt, non... Non, je ne te crois pas encore. Si le fils Capet s'était évadé, on le saurait, que diable ! Il ne faut pas six jours à une nouvelle comme celle-là pour franchir dix lieues ! Et personne n'a l'air de rien savoir... Peux-tu m'expliquer ça ?

— Je ne comprends pas ce qui se passe, citoyen docteur. Vraiment pas. Les gens n'en parlent nulle part. Ni à Creil, ni à Compiègne, ni à Pont-Sainte-Maxence. C'est incroyable ! »

Le docteur Hervagault réfléchit un moment, puis il hocha la tête.

« Moi, je le sais, murmura-t-il. Ou plutôt, je le devine. Simon est protégé par un homme puissant... As-tu entendu parler de Chaumette ?

— Non.

— C'est le procureur de la Commune de Paris, et c'est lui qui a fait nommer Simon à la tour du Temple. Je suis presque sûr que Chaumette a gardé l'évasion secrète pour que Simon n'ait pas d'ennuis... »

Le médecin s'arrêta soudain de parler et eut un mouvement d'humeur.

« Et si ce n'était pas vrai, tout ce que tu m'as raconté ? s'exclama-t-il. Le ci-devant Dauphin est peut-être encore dans sa prison, et moi, je perds mon temps à écouter tes sornettes ! »

Serge savait que la discussion serait difficile, mais il ne s'attendait quand même pas à tant de méfiance. Il insista patiemment.

« Ecoute-moi, citoyen docteur. Tu regarderas l'enfant, et tu regarderas le portrait du ci-devant Dauphin. Tu verras que c'est bien lui. »

Le docteur Hervagault parut ébranlé.

« Si c'est vraiment lui, pourquoi as-tu risqué ta tête pour le faire évader ? Et tes deux amis, pourquoi ont-ils aussi tout risqué pour cet enfant ?

— Nous l'avons fait pour qu'il ait la même vie que tous les gamins de son âge... Pour qu'il puisse nager dans un étang, courir dans les prés, manger des mûres dans la forêt, et faire la moisson avec tous les gosses du village. Nous l'avons sorti de la Tour pour qu'il soit heureux. C'est tout simple... »

Serge laissa passer quelques secondes, puis il ajouta :

« Je n'avais jamais vu de prison, avant d'entrer dans la Tour... Ça m'a bouleversé, de me dire que ce gosse allait finir sa vie là-dedans. Quand on est en prison à son âge, on ne vit pas longtemps... »

Le docteur Hervagault ne répondit pas. Il y eut un très long silence — si complet que Serge entendit nettement le murmure de la rivière, en bas de la prairie.

« Donc, reprit le médecin, vous êtes venus sauver cet enfant. Et vous n'êtes venus que pour cela ?

— Oui, répliqua Serge. Nous devons repartir aujourd'hui. On vient nous chercher dans la forêt d'Halatte, à minuit.

— Et on vous ramènera... Euh... »

Le médecin semblait chercher ses mots, comme s'il se refusait à dire : « dans le futur ».

« Euh... On vous ramènera d'où vous venez ?

— Oui.

— Pourquoi n'emmenez-vous pas l'enfant ?

— C'est impossible, citoyen docteur. Si nous l'avions pu, nous l'aurions fait. Mais ça nous est interdit... »

Le ciel s'assombrissait peu à peu. Serge devina qu'il neigerait avant la nuit, et il frissonna en pensant aux quatre lieues qui lui restaient à parcourir pour rejoindre Xolotl et Thibaut.

« Alors ? demanda le docteur Hervagault. Si je ne prends pas l'enfant, que feras-tu ?

— Je ne sais pas, citoyen docteur. Ou plutôt, si : je chercherai une autre maison pour lui. Mais si je n'en ai pas trouvé à minuit, je serai bien obligé de l'abandonner.

— Comme ça, dans la forêt ?

— Oui, dit Serge à voix basse. Je suis désolé, citoyen docteur. Vraiment désolé. Mais je n'ai pas le droit de le prendre avec moi... »

A cet instant, quelqu'un alluma une lampe, ou peut-être une chandelle, dans la maison du médecin. La nuit était presque tombée. Serge ne distinguait plus qu'une ombre en face de lui, une ombre dont le visage était déjà noir... Mais il n'avait pas besoin de voir ce visage pour comprendre que les choses étaient en train de se gâter.

« Tu es désolé ! répéta le docteur Hervagault d'un ton amer. C'est facile à dire, ça... Tu es désolé, mais tu files, et tu nous laisses l'enfant. C'est nous qui devrons nous expliquer devant le Tribunal révolutionnaire, et c'est nous qui monterons à la guillotine. Toi, tu seras bien loin... »

Lentement, les premiers flocons de neige commençaient à tomber autour d'eux. Presque aussitôt, le médecin ajouta, d'une voix ferme et bien décidée.

« Ecoute-moi, Sylvain. Je ne peux pas faire courir un tel risque à ma femme. Je n'en ai pas le droit. Nous allons rentrer chez moi, et je regarderai l'enfant. Si c'est vraiment le fils Capet, tu le reprendras... Tu pourras l'abandonner dans la forêt si tu veux, ça m'est égal. »

Sans attendre de réponse, le docteur Hervagault fit demi-tour et se dirigea vers la maison. Serge n'essaya pas de le retenir. Cette fois, il sentait que la partie était perdue, et il suivit sans un mot. Et tout en marchant, il imaginait son retour vers la clairière — sous la neige qui, sans doute, allait effacer les sentiers de la forêt.

« Ce serait peut-être la bonne solution, pensa-t-il. Si je me perds avec le gosse, et si je n'arrive pas au camp avant minuit, Xolotl et Thibaut seront bien forcés de repartir sans moi. »

Alors, il redressa la tête et serra les poings pour se donner du courage. La nuit à venir serait dure. Et durs aussi les jours suivants, quand il faudrait parcourir la France avec Jean-Marie, et le nourrir, et le cacher...

Arrivé à la maison, le médecin ouvrit la porte et fit entrer Serge dans la cuisine. Deux chandelles éclairaient la pièce, et la citoyenne Hervagault, assise sur une chaise basse, achevait de donner son bain à Jean-Marie. Elle tourna la tête au moment où la porte s'ouvrait, et Serge ne put s'empêcher de remarquer son sourire. Un sourire merveilleux...

Le gamin, tout nu, était debout dans un baquet de bois rempli d'eau chaude, et la femme l'essuyait avec une grande serviette blanche. Le docteur Hervagault s'approcha et le prit doucement aux épaules. L'enfant parut surpris. Il leva la tête et ouvrit un peu la bouche, comme s'il allait parler, mais il ne dit rien... Le médecin restait ainsi, immobile et muet, occupé à chercher une ressemblance. Pendant une longue minute, nul ne bougea ni ne parla. On n'entendait que le lent tic-tac d'une grande horloge, dans un coin de la pièce. Et Serge pensait :

« La ressemblance, elle est là. Et il va la voir, c'est sûr... Il va la voir... Il va la voir... »

Serge avait peur de ce qu'il allait entendre. Il savait qu'il n'oublierait jamais cette minute-là, pas plus que les minutes terribles qu'il avait vécues dans la Tour. Si grande était son angoisse que tout, autour de lui, prenait des couleurs irréelles. Enfin, le docteur Hervagault rompit le silence :

« Comment t'appelles-tu ?

— Jean-Marie. »

La femme n'avait pas bougé, mais elle avait

toujours la même lueur heureuse dans les yeux. Le médecin respirait plus court, à présent, comme s'il était fort ému, lui aussi. Et quand il parla à nouveau, sa voix était toute changée.

« A partir d'aujourd'hui, dit-il, tu t'appelles Jean-Marie Hervagault... »

# Épilogue

Le retour de Serge fut sans histoire.

Il rejoignit ses amis bien avant minuit, sans avoir été vraiment gêné par la neige. A son arrivée dans la clairière, les matelas étaient déjà dégonflés, les tentes repliées, et le tout était rangé dans les sacs imperméables.

« Ouf ! soupira Xolotl. Content de te voir !

— Ça a été difficile ? demanda Thibaut.

— Oui. Plutôt. »

Ils attendirent minuit, sous la neige qui continuait à tomber en gros flocons lourds. Xolotl et Thibaut n'avaient guère envie de parler, et Serge songeait à la longue journée qu'il venait de vivre... Il se rappelait le pique-nique dans le chemin creux, et surtout le moment où le petit roi l'avait supplié : « Je veux que tu restes avec moi, Sylvain. » Il revoyait le regard inquiet du gamin, les yeux tristes et doux d'un pauvre gosse dont personne ne voulait...

Longtemps après, Xolotl chuchota, d'une voix si basse qu'on l'entendait à peine :

« Il sera bientôt minuit. »

Quelques minutes plus tard, tout s'effaça brusquement, l'hiver, le froid, la neige... Les trois garçons se retrouvèrent entre les pôles du grand électro-aimant, par une chaude nuit d'été, toute pareille à celle de leur départ. Le professeur Auvernaux les attendait, à l'endroit même où il se trouvait un mois plus tôt, et presque dans la même attitude.

« Pas de blessés ? Pas de malades ? Tout s'est bien passé ? demanda-t-il aussitôt.

— Très bien... » répondit Serge qui se rappela, juste à temps, qu'il ne fallait plus dire « citoyen ».

D'une main, il balaya la neige qui lui couvrait les épaules, et fit quelques pas pour sortir de l'électro-aimant. Rien n'avait changé depuis la nuit du départ, ni le camion, ni le générateur, ni les deux techniciens. Comme s'il ne s'était rien passé, comme si ce terrible mois de l'an II n'avait jamais existé...

« Allons-y, dit le professeur. Ma voiture est ici, et je vous emmène chez Mme d'Antignac... »

Vingt secondes plus tard, ils roulaient vers Paris. Thibaut s'était installé à l'avant, à côté du professeur. Serge et Xolotl étaient assis à l'arrière.

« Vous êtes sans doute assez fatigués, dit gentiment le professeur. Je ne voudrais pas vous obliger à raconter votre histoire deux fois. Ne me dites rien maintenant. Vous ferez un récit complet quand nous serons arrivés. »

La voiture sortit de la forêt d'Halatte, traversa Senlis et s'engagea sur la route de Paris.

« Ah ! J'oubliais..., ajouta le professeur. Vous devez avoir faim. Un bon repas froid vous attend chez Mme d'Antignac. Et aussi, une grande bouteille de champagne pour fêter votre retour. »

Thibaut remercia le professeur et échangea avec lui quelques mots anodins, comme si de rien n'était. Quant à Serge, il était vraiment à bout, après sa terrible journée, et n'avait aucune envie de prendre part à la conversation. Il aimait autant rêvasser en regardant la route... Un tout petit morceau de route, éclairé par les phares, et qu'il voyait vaguement entre la tête du professeur et celle de Thibaut.

En passant à la porte de la Villette, Serge se rappela comment ils étaient sortis de Paris, six jours plus tôt... Non. Deux cents ans plus tôt. Il était assis sur la paille, au fond de la charrette, serrant contre lui le petit roi qui dormait comme une marmotte. Le garde national avait murmuré, en haussant les épaules : « Le gamin n'a même pas neuf ans. On ne t'a pas dit qu'il ne fallait pas de passeport, à cet âge-là ? » C'était un des beaux souvenirs de leur équipée, et Serge sourit en y songeant. Xolotl tourna la tête à ce moment.

« Qu'est-ce qui te fait rigoler ? murmura-t-il.

— Presque rien, répondit Serge sur le même ton. C'est juste de penser que j'ai tenu un roi de France sur mes genoux... »

*

* *

Serge conta toute leur histoire par le menu, du début à la fin.

Suspendue à ses lèvres, Mme d'Antignac l'écouta jusqu'au bout, sans manifester aucune impatience et sans l'interrompre une seule fois. Quand il eut terminé son récit, elle resta pensive un bon moment, visiblement troublée. Finalement, elle sortit de son mutisme et demanda d'une voix bizarre :

« Dites-moi... Quand vous avez choisi un prénom pour le Dauphin, vous l'avez appelé Jean-Marie... Je conçois qu'il ait fallu changer son nom. C'était un camouflage, en quelque sorte. Vous ne pouviez pas l'appeler Charles ou Louis, bien sûr. Mais pourquoi avoir choisi justement Jean-Marie ? Pourquoi ce prénom-là, plutôt qu'un autre ? »

Serge parut surpris. Il ne s'attendait guère à ce qu'on l'interroge sur un point de détail aussi insignifiant.

« Je ne l'ai pas vraiment choisi, expliqua-t-il. Ce qu'il fallait, c'était un prénom courant. Un prénom qu'on entendait souvent dans le peuple, et qui passerait inaperçu. Evidemment, j'aurais pu l'appeler Jacques, ou Paul, ou Jules... J'ai pris le premier prénom qui m'est passé par la tête. »

Serge se rappelait le soir où il avait rempli le quatrième passeport. Il était seul dans la mansarde avec Xolotl, se préparant à écrire à la lumière d'un vieux morceau de chandelle presque usé. En fermant les yeux à demi, il croyait sentir à nouveau l'odeur du suif, et il revoyait les ombres qui couraient sur le mur à chaque mot qu'il prononçait. Il avait sucé le bout de sa plume en réfléchissant, et il avait inscrit le premier prénom qui lui avait traversé l'esprit. Cela s'était fait en quelques secondes à peine.

« C'est étrange, murmura Mme d'Antignac. Et le docteur Hervagault, pourquoi l'avez-vous choisi ? Pourquoi lui, plutôt qu'un autre ?

— Je ne l'ai pas choisi non plus, répondit Serge. J'avais cherché une famille pendant cinq jours, et ça n'avait rien donné. A Chamant, c'était ma dernière chance. Il fallait que je trouve à tout prix. Je me suis mis un bras en écharpe, comme si j'avais le poignet cassé. A l'auberge, on m'a donné l'adresse du médecin. C'était le docteur Hervagault, et il a pris l'enfant... Ça s'est fait tout seul, madame. Je n'avais pas à choisir. C'était lui, ou personne.

— Je comprends», murmura Mme d'Antignac d'une voix blanche.

Apparemment très émue, elle ne regardait plus Serge. Elle s'était tournée vers son neveu machinalement, mais elle ne semblait pas le voir. Son visage était, tout à coup, celui d'une personne à qui l'on vient d'annoncer une nouvelle incroyable. D'un mouvement brusque, elle se leva et se dirigea vers une bibliothèque, tout en parlant à mi-voix.

«Je n'arrive pas à y croire. Je m'attendais à tout, sauf à cela. C'est extraordinaire. Il faut vérifier...»

Elle prit un livre et l'ouvrit. Les trois garçons, toujours habillés de leurs vêtements de l'an II, devinaient qu'il se passait quelque chose d'important. Ils la regardaient feuilleter le livre, et se taisaient.

«Voilà, dit-elle enfin. J'ai trouvé.»

Et elle se mit à lire, lentement :

«Le 19 thermidor an VII, on arrêtait à Vire un adolescent de quatorze ans, qui prétendait être Louis XVII, évadé de la tour du Temple le

24 nivôse an II. Il s'appelait Jean-Marie Hervagault. »

Les trois garçons se regardèrent, et c'était leur tour d'être émus. Rien que d'avoir entendu ces deux courtes phrases, ils avaient l'impression, tout à coup, de se retrouver deux cents ans plus tôt... Thibaut fut le premier à reprendre ses esprits.

« Et après, madame ? Qu'est-il devenu ? Est-il resté en prison ?

— Non, répondit Mme d'Antignac. Au bout de quelques semaines, il a déclaré qu'il avait menti, et on l'a libéré.

— Et puis ? »

Mme d'Antignac consulta son livre, tourna quelques pages.

« Il s'est tenu tranquille, lut-elle à mi-voix, et on ne l'a plus inquiété. Il a vécu ses dernières années à l'hospice de Bicêtre. Sur son lit de mort, il a juré qu'il était vraiment le Dauphin. »

Thibaut ne savait plus que penser. Il songeait à sa longue discussion avec Serge, un certain matin — et à son refus obstiné de voir en Jean-Marie le véritable Dauphin.

« Et vous, madame ? demanda-t-il. Croyez-vous qu'il était vraiment Louis XVII ?

— C'était sûrement lui, répondit Mme d'Antignac. J'ai vu un portrait qu'on a fait à l'époque où Jean-Marie Hervagault était en prison à Vire. Sa ressemblance avec le Dauphin était réellement frappante. »

Thibaut se tourna vers Serge avec un demi-sourire.

« Tout compte fait, reconnut-il, c'est toi qui avais raison. »

Personne ne semblait plus avoir rien à dire. A travers la fatigue de cette journée difficile, un souvenir revint à Serge. Il se rappelait le soir du 30 nivôse, quand il avait vu Jean-Marie pour la dernière fois... Une cuisine modeste, éclairée par deux chandelles qui tremblaient. Dans cette cuisine, un petit garçon de neuf ans, à qui on venait de donner son bain. Debout dans un baquet de bois, un petit garçon tout nu, maigre et craintif, qui était le dernier descendant des rois de France...

Quelque part dans la maison, une horloge sonna trois heures.

# Table


Prologue ........................... 5
1. Paris en l'an II ........................... 17
2. Les premiers jours ........................... 27
3. Le mouchard ........................... 39
4. La blanchisseuse ........................... 51
5. Le plan s'élabore ........................... 67
6. Une fausse manœuvre ........................... 77
7. Incertitude ........................... 89
8. Les deux citoyennes Clouet ....... 101
9. Le signal du départ ........................... 111
10. Dans la Tour ........................... 119
11. Fuite dans la nuit ........................... 133
12. Dans la forêt ........................... 143
13. Où est Thibaut ? ........................... 155
14. Il neige... ........................... 165
15. A Pont-Sainte-Maxence ........... 175
16. A Chamant ........................... 185
17. Départ pour l'inconnu ........................... 195
18. Pas d'accord, Sylvain... ........... 203
Épilogue ........................... 215

*IMPRIMÉ EN FRANCE PAR BRODARD ET TAUPIN*
*Usine de La Flèche, 72200.*
*Dépôt légal Imp : 6154G-5 – Edit : 2681.*
*20-07-8895-01-3 – ISBN : 2-01-020337-2.*
*Loi n° 49-956 du 16 juillet 1949 sur les publications destinées à la jeunesse.*
*Dépôt : mars 1993.*